ジョルダーノ・ブルーノ著作集
Le opere scelte di Giordano Bruno

6

天馬のカバラ

Cabala del cavallo pegaseo

加藤 守通 訳
Traduzione giapponese di Morimichi Kato

東信堂

Centro Internazionale di Studi Telesiani
Bruniani e Campanelliani

Giordano Bruno
Cabala del cavallo pegaseo

introduzione, traduzione e note di
Morimichi Kato
dal testo critico di
Giovanni Aquilecchia
edizione Les Belles Lettres

TOKYO - Toshindo - 2023

目次／天馬のカバラ――ジョルダーノ・ブルーノ著作集⑥

訳者注

この翻訳において〈　〉は原文がラテン語の箇所を示し、〔　〕は訳者の補足を示す。

Le opere scelte di Giordano Bruno
Vol.: 6 Cabala del cavallo pegaseo
Traduzione giapponese di Morimichi Kato
Casa Editrice Toshindo

ジョルダーノ・ブルーノ著作集❻

天馬のカバラ

加藤守通＝訳
東信堂＝刊

カサマルチアーノの司教に捧げられ、ノラの人〔ブルーノ〕によって書かれた、『キュレーネーのロバ』を付け加えられた、『天馬のカバラ』

パリ　アントニオ・バイオ社　一五八五年

聖クインティーノの後継の修道院長にしてカサマルチアーノの司教である、尊敬すべきドン・サパティーノ卿(1)に宛てられた、ここに書かれているカバラについての献呈の書簡

尊敬すべき神父様へ

陶工は、(闇が迫ってきたためではなく、材料が尽きたために)仕事を続行できずに、陶器を作るには十分ではない、ガラスや木材やワックスやその他のものの小片を手に持っているとき、それを投げ捨てることを望まず、何かの役に立てようとして、その使い道を考えます。思案の末に、彼は、その小片が、第三の取っ手や、縁や、長ビンのふたや、支えや、石膏として、あるいは穴や割れ目やひびを補強し満たし覆う栓として、使えることを示すのです。似たようなことがわたしにも生じました。わたしは、すべての考えを語り尽くしたわけではなく、一連の著作を書いただけなのです。そして、もはや書くことができなくなった時に、意図的というよりも偶然に、一束

の紙片に目をとめたのです。わたしは、これらの紙片を別のときには軽蔑し、他の著作の表紙として使っていましたが、それがこれからあなたたちに提示するものの一部を含んでいるということにようやく気づいたのです。

わたしは本書を最初にある騎士に贈ろうと考えました。しかし、彼は、それを眺めてから、「自分は秘儀を理解できるほど学問を積んでおらず、この本に好感を持たない」と言いました。わたしはそれを〈神の言葉〉の僕の一人に捧げました。しかし彼は、「自分は字義通りの解釈の友であり、スコラ学者や信仰の敵が是認するオリゲネス流の解釈は好まない」と言ったのです。わたしはそれをある婦人に捧げましたが、彼女が言うには、この本には馬とロバのテーマにふさわしい長さがないので、気にいらないとのことでした。わたしはそれを別の夫人に見せました。彼女は試読してそれに好意を抱いたようですが、試読を終えてから、「何日か考えたい」と言いました。わたしはそれを信心に凝り固まった女性のお気に召すか試しました。彼女は、「ロザリオと聖なる数珠玉のご利益と神の子羊のメダルについて話さなければ、それを受け取るわけにいかない」と言いました。わたしはそれをある衒学者の鼻の前に置きました。彼は顔を逸らして、ウェルギリウスやテレンティウスやマルクス・トゥリウス〔キケロ〕に関する注釈や傍注や解釈でなければ受け入れないと言いました。ある三文詩人は、八行詩やソネットしか欲しないと言いました。他の人たちは、自分よりもましでない人たちにもっとましな論稿が献呈されているると言いました。他の人たちは、別の理由で、わたしがそれを献呈しても、少しも感謝するつもりはないように見えました。このことは、もっともなことです。なぜならば、（真実を語るならば）あらゆる論稿と思索は、それに適した職業と地位の人を前にして支払われ、配られ、置かれなければならないからです。

それゆえに、わたしは、百科全書的な素材の問題に注目したときに、あなたの百科全書的な才能を思い出したのです。あなたの才能は、その豊饒さによってすべてを包容するというよりも、むしろある種の風変わりな卓越性によってすべてを、そしてすべて以上を、持っているのです。たしかに誰一人としてあなた以上にすべてを明白に理解することはできないでしょう。なぜならば、あなたは、すべての外にいるからです。あなたは、どこにも閉じ込められていないがゆえに、すべてに入ることができます。あなたは、何も持たないがゆえに、すべてを持つことができるのです。（あなたの言葉にし難い知性を記述するこれ以上の表現があるか分かりません。）わたしは、あなたが神学者か哲学者かカバラを信奉する人かは知りません。しかし、あなたが、本質によってではなく分有によって、現実においてではなく可能態において、近くからではなく遠くから、すべての事象であることを知っています。とにもかくにも、わたしはあなたが一方においても他方においても秀でていらっしゃると信じています。ですから、ここにカバラと神学と哲学を献呈いたします。すなはち、神学的哲学のカバラ、カバラ的神学の哲学、哲学的カバラの神学をです。これら三つの事柄について、あなたがそれらを全体的に、あるいは部分的に、あるいは無的に所有なさっているかは知りません。しかし、あなたが無の全体を部分的に、全体の部分を無の中に、部分の無を全体において所有なさっていることは確かに存じております(2)。

さて、話を戻すとして、あなたは「わたしに送ってきたこれは何ですか。この本の主題はいかなるものですか。わたしが受け取る資格を持つとされる贈り物とは何でしょうか」と問うかもしれません。わたしは次のように答えましょう。わたしはあなたに「ロバ」の贈り物をします。あなたに差し出される「ロバ」は、あなたに栄誉を与え、あなたの威厳を高め、永遠の書物の中にあなたを記すでしょう。わたしからそれを受け取り、所有するのにお金はかかりません。それは食べもせず、飲みもせず、家を汚さないので、維持費はかかりません。それは永遠にあなたのものであり、あなたの司教冠や司牧杖や祭服やラバや命よりも永続するでしょう。あなたや他の人たちがこのことを理解するために多弁を労する必要はないでしょう。もっとも尊敬に値する閣下よ、ロバの贈り物があなたの賢慮と敬虔に対して感謝の心を持たないことはないでしょう。わたしがこう言うのは、偉大な主人たちに対して、宝石やダイヤやルビーや真珠や完璧な馬や優れた器のみならず、猿やオウムや尾長猿やロバを贈る習慣があるという理由からではありません。何しろ、このロバは必要で、希少で、博識で、並大抵のものではないのです。インドのロバは貴重なものであり、ローマ教皇への贈り物です。オトラントのロバはコンスタンティノポリスの皇帝への贈り物です。サルディニアのロバはナポリ王への贈り物です。理念的であり、それゆえに天上のものであるカバラ的ロバが地球のいかなる部分においても、いかなる貴人にとっても、それほどの価値を持つべきでないとあなたは思われるのでしょうか。それどころか、ある種の好意と約束によって地上のものが天上に見出されることを、われわれは知っているのです。それゆえに、わたしがあなたにそれを献呈したのと同じ心で、あなたがそれを受け入れられるということを、わたしは確信しております。

神父様、お望みならば、それを鳥としてお受け取りください。なぜならば、それは翼を持ち、籠に入れられるものとしてはもっともおとなしく、陽気だからです。お望みならば、それを野獣としてお受け取りください。なぜならば、それは唯一で、希少で、珍しいものであるとともに、洞窟や洞穴に閉じ込めることができるもっとも勇敢な動物だからです。お望みならば、それを家畜として扱ってください。なぜならば、それは従順で、なつきやすく、隷属的であり、家で飼うことができる最良の仲間だからです。それがあなたの手を離れないように用心してください。なぜならば、それは厩舎の中であなたが養うことができる、というよりもあなたを養うことができる、最良の駿馬だからです。それは、あなたと食事と部屋を分つことができる最良の家族なのです。それを宝石や貴重品として扱ってください。なぜならばあなたの保管庫の中にそれよりも優れた宝を持つことはできないからです。それを聖なるものとして扱い、最重要なものとして眺めてください。なぜならば、それよりも優れた本やイコンや鏡を部屋の中に持つことはできないからです。最後に、これらの理由にもかかわらず、それを我慢することができなければ、それを別の人にあげてください。その人は、あなたに対して感謝をすることでしょう。それを滑稽であると思われるならば、善良な騎士に与えてください。そうすれば、彼はそれを小姓に委ね、猿や手長猿と一緒に大事にするでしょう。もしもそれを畜群にふさわしいものだと思うならば、それを農民に与えてください。彼はそれを彼の馬や牛と一緒にかくまうことでしょう。もしもそれを野生のものとみなすならば、それをアクタイオンのような人に委ねてください。この人はそれが野生の山羊や鹿とともに歩き回るようにすることでしょう。もしもそれをペットとみなすならば、それを少女に与えてください。彼女はそれをテンや子犬の代わりに飼うことでしょう。最後に、もしもそれが数学に詳しいと思うならば、宇宙を測定する人に与えてください。そうすれば、それは、アーミラリ天球儀の北極と南極の間を腹這いに進んだりジャンプしたりすることで、注入された水銀がアルキメデスの球に与えることができたのと同じ永遠の運動をさしたる苦労もなしに与え、大宇宙のより効果的なモデルを生み出すことができるでしょう。線的な運動と円的な運動の一致と調和は両方ともこの大宇宙の内なる魂に依存しているのですが。

しかし、もしもあなたが、わたしが思っているように、賢明であり、成熟した判断力を持って物事を考えることができるならば、あなたはそれを所持することでしょう。そして、それを、わたしがかつてピオ五世に献呈した『ノアの箱舟』や、フランス王アンリ三世に不滅の名声を与えた『イデアの影』や、わたしからフランス王の英国大使が受け取った『三重の印の説明』、シドニー卿に献呈した『傲れる野獣の追放』に比して、価値において劣ると思わないでしょう(3)。なぜならば、ここには傲れる野獣が生きているだけではなく、三重の封印が開かれており、完全な至福が存在し、影が照明され、箱舟が操縦されているからです。そこでは、(尽きることのない命、宇宙の豊饒、知性の至福、太陽の光、そしてゼウスの天蓋を羨むことなく)ロバが指揮を振るい、解明し、慰め、開示し、主宰しているのです。それは、馬小屋や家畜の群れの中にいるロバではなく、すべてを通じて歩み、すべてを通じて入り、すべてを通じて座り、伝達し、理解し、助言し、定義し、すべてを成就する、ロバなのです。彼が鍬で掘り、水をやり、灌漑するのを見れば、彼を庭師と呼んでよいでしょう。畝を掘り、種を植え付けるならば、彼は農夫になるでしょう。手仕事に励み、親方や棟梁であるならば、職人と呼んで構わないでしょう。発想が豊かで、活動的であり、修復力があるならば、芸術家と呼ぶのを誰も妨げないでしょう。見事な論客、講演者、弁護人であるならば、学者と呼んでよいでしょう。習俗の優れた形成者、教説の制定者、宗教の改革者ならば、彼を学園の一員と呼び、大教授学の大修道院長とみなしても誰も異議を唱えないでしょう。

合唱団や参事会や僧坊の生活に慣れている以上、彼を僧と呼んでよいでしょう。彼が清貧と従順の誓いを立てている以上、彼を修道僧と呼んでも非難されないでしょう。彼が自薦と他薦によって、叙階を得、選出され、大司教になることができる以上、彼をコンクラーベの一員と呼ぶのを妨げるものはないでしょう。彼が繊細で論破不可能で啓示を受けた学者であるならば、彼を立派な相談役とみなしてもよいでしょう。彼の頭の中には道徳と政治学と経済学のすべてが植え付けられている以上、彼を家事に通じた者と公言するのを妨げることはできないでしょう。彼が敬虔と献身と節制をこれほどまでに示す以上、いかなる教会法上の権威も彼を教会の支柱とみなすことを禁じないでしょう。彼がこれほどの高みと至福と勝利の内にいるのを見るとき、彼を神的でオリンピア的で天に住まうものと呼ぶのを天と世界全体が妨げることができるでしょうか。

くどい話はやめて結論を言いますと、彼は全体として全体の中に存在し、同時に、全体としてすべての部分の中に存在する、世界霊魂そのものであると思われます。現在の対話のテーマであるこの尊敬すべき対象の重要性がいかなる種類のもので、それがいかほどの大きさのものであるかは、いまや明白でしょう。対話の中で、胸部を持たなかったり、小さな尾を持った、大きな頭を見るとしても、がっかりしたり、怒ったり、驚いたりしないでください。というのも、自然界には頭以外の部分を持たなかったり、(巨大な頭と感覚できないほど小さい他の部分を持つがゆえに)全体が頭であるように見えたりする、多くの種類の動物がいるのですが、だからといってこれらの動物が各々の類において完全であるのを妨げないのです。もしもこの理由に満足しないならば、この小品には記述と絵画が含まれており、肖像画においては頭を示すだけでしばしば十分であるということをご考慮下さい。

時には、最高の技芸が示されるのは、ひとつの手、足、股、目、小さな耳、木の後ろや窓の角に見える顔のプロフィール、あるいはガチョウやワシや他の動物を基部に持つカップの胴体に彫られた顔のプロフィールにおいてです。このような工芸品は、だからといって非難されたり軽蔑されたりせず、むしろよけい認められたり賞賛されたりするのです。ですから、あなたがこの贈り物を、誠意をもって捧げられた完璧な物として受け入れられるということに、わたしは一抹の疑問も抱いておりません。さようなら。

12

ロバを賛美するソネット

聖なるロバ性よ、聖なる無知よ、
聖なる愚鈍よ、敬虔なる献身よ、
おまえだけが魂を善良にし、
人間の才能や熱意はそれに及ばない。

いかなる技芸や発明の
労苦に満ちた配慮も、
哲学者の熱意すら、そこにおまえが
居を構える天には届かず。

好奇心を持つ者たちよ、自然のなすこと、
星が大地であるか、火や海であるかについて、勉強したり、知りたがっても、何の益になろう。
聖なるロバ性はそれを気にかけず、
手を合わせ膝を折り、
自らの定めを神から待つ。

葬儀の後に神が与える
永遠の安らぎの休息以外は、
何も残らない。

勤勉で献身的で敬虔な読者への演説

悲しいかな。我が聴衆よ、あなたは熱いため息と淫らな涙と悲劇的な嘆きなしには、感情と目と理性をもって、わたしの才能を思い出し、声を響かせ、論説することができないのですか。邪悪で敵意ある偏見だらけの考えに唆されて、聖なる無知や、学識ある羊性や、神的なロバ性の純粋な善、王の誠意、偉大なる威厳を、自然と理性の真理と正義の権利に則って、見、考え、定義しないのですか。悲しいかな、いかなる咎ゆえに、この天上の卓越した存在は生ある人々によってこれほどまでに嫌悪されるに至ったのでしょうか。それに対して、鼻息を荒げて非難する者もいれば、牙を剥き出しにして中傷する者もいれば、滑稽な笑いで馬鹿にする者もいるのです。どこであれ彼らが何かを軽蔑し、嘲笑し、非難する時には、我々が彼らから聞く言葉は、「あいつはロバだ」「この行いはロバのようだ」「これはロバ性だ」ということです。しかしながら、これらの言葉は実際には、より成熟した言説、より堅固な決意、そしてより考え抜かれた判断にふさわしいものなのです。

悲しいかな。悔恨に満ちた心と憂いを含んだ精神と陰鬱な魂で、わたしは目の前にこの未熟で愚かで世俗的な大衆を見出すのです。彼らは、誤った考えと辛辣な語りと無謀な作文で、『黄金のロバ』や『ロバの賞賛』や『ロバへの賛辞』(4)といった、出版を通じて広範に知れ渡っている、あれらの壮大な痴話を生み出すのです。これらの痴話に対する嘲笑や軽蔑や非難は、とうてい言葉で表現できるものではありません。そこでは、栄誉あるロバ性を皮肉のきいた文でからかいあざ笑う以外に何も考えられていないのです。わたしが同じようにすると世間が考えないように、誰が配慮してくれるのでしょうか。このテーマについてデモクリトスのように振舞う〔笑う〕他の人たちの跡を追う者にわたしを仕立て上げる悪口を、誰が抑えることができるでしょうか。わたしがロバやロバ性を偽りなく真剣に賛美せず、むしろ他の人たちによってつけられたランプに油を加えようとしている、と人々が信じ主張するのを、誰が止めることができるでしょうか。しかしながら、傲慢不遜な裁判官たちよ、怠惰で悪意ある中傷者たちよ、陰鬱で熱狂的な誹謗者たちよ、足を止め、視線を変え、じっくりと見てください。この神聖な、穢れなき、聖なる動物のためにわたしが使う単純な概念、文章表現、三段論法の議論が純粋で、真で、明証的であるのか、あるいは有限で、不可能で、見掛け倒しのものであるのかをよく吟味してください。もしもそれらが実際に堅固な基盤の上に築かれ、美しく善であるのを見たならば、それらを回避せず、拒絶もせず、受け入れ、従い、抱きしめてください。現に知性の光が示し、教説の声が鳴り響き、経験が実践的に確証しているときに、思想の自己満足に負け、言葉の虚栄に導かれて、盲信の習慣にこれ以上束縛されないでください。

聖なる文章の集成の中で提示されているカバラの理念的なロバを、あなたは何であると思われるのですか。詩的な作品の中に登場するペガサスを何であると想像されますか。キュレーネーのロバが想像可能なもっとも栄誉ある学園でサフラン色の高貴な服を身に付けるに値するとお考えですか。第二と第三の問に関する考えを今は取り上げずに、第一の（プラトン的であると同じほど神学的な）問に取り組むとして、次のことをお認めください。すなわち、学問の影と信心の光のもとで語る、聖なる博士たちと世俗的な博士たちによって口述された、神的かつ人間的な文献の中にも、証言は欠かないのです。理念的なロバがロバの形質（種）の超自然的にして生産的・形成的・完成的な原理であるとわたしが言うときに、わたしが嘘をついていないということは、これらの学識に関する並の教養の持ち主でさえわかるでしょう。それは、自然の膨大な懐の中では他の種とは異なったものと見え、異なったものであり、二次的な精神においては数の中に置かれて別の概念のもとで理解され、他の形相とは違うものとして理解されるのです。それにもかかわらず、（これが最重要なことなのですが）それは、第一の精神においては、人間の形質の理念とも、土や月や太陽の形質とも、諸知性や悪霊や神々や諸世界や宇宙の形質とも同一なのです。まさにロバだけではなく、人間や星々や諸世界やすべての世界の動物がそれに依存しており、その中では形相と基体、ものとものとの相違はなく、それはもっとも単純にして一なのです。それゆえに、聖人の中の聖人が、いかなる非難も伴わず、ライオンや一角獣やサイや風や嵐やワシやペリカンだけでなく、非人間、人類の恥辱、大衆の爪弾き、羊、子羊、虫、罪の似姿、そしてついには罪やそれ以下のものとまで呼ばれたとしても、あなた方にはその理由がわかるでしょう。聖なる書物の中の隠喩的な仄めかしとロバのタイトルや定義によって示され、ロバと呼ばれ、ロバと定義されるときに、キリスト教徒とユダヤ教徒が怒ることなく、むしろ栄誉ある勝利を祝福し合うことの理由を考察してください。実際、この祝福された動物が扱われるときには、道徳的な文章と寓意的な意味と精神を高みへ向かわせる意図によって、正しい人、聖なる人、神の人が意図されているのです。

『出エジプト記』において人類の贖いと変容が語られるとき、それと一緒にロバが言及されています。そこには、「ロバの最初に生まれた子を羊と交換するでしょう。人間の最初に生まれた子を、金を払って取り戻すでしょう」と書かれているのです(5)。同じ本の中で、妻と召使に対する欲望を制限する法が人間に与えられたとき、それと同類のものとして牛とロバが数えられていることをご存知でしょう(6)。そこでは、どちらが欲望の対象になろうとも罪に変わりがないかのようです。しかし、『士師記』においてデボラがアビノアムの息子バラクとともに「王たちよ、聞け、白いロバに乗り裁きに立ち会う君主たちよ、耳を貸せ」と歌うとき(7)、聖なるラビたちはそれを次のように解釈します。「寛容な民に勝り、彼らを神聖な鞭で治める大地の支配者たちよ、汝らは罪人を罰し、善人に報い、すべての事柄を公正に行う」と。モーセ五書が、汝は隣人の彷徨えるロバと雄牛を正道へと導くべし、と命ずるとき(8)、学識ある博士たちはそれを道徳的に次のように解釈します。すなわち、われわれの内部に居ます神の隣人が正義の道から逸れるときには、彼はわれわれによって正され、注意されなければならないのです。シナゴーグの長が安息日に治療をした主を咎めたときに、主の答えは、善人は井戸に落ちたロバや雄牛をいかなる日でも外に出そうとする、ということでした(9)。神的な著者たちの意図は、ロバは単純な人間を、牛は自然の欲求に従う人間を、井戸は致命的な罪を意味し、ロバを井戸から出す者は、この人間の罪を地獄の闇から救い出す、神の恩恵とその家来のことなのです。救済され、祝福され、熱望され、統治され、正道に導かれ、助言され、過ちを正され、解放され、宿命を負わされた民衆がロバによって示され、ロバと呼ばれていることに注意してください。そして、ロバとは、それらによって神の祝福と恩恵が人間たちの上に注がれるものなのです。

その結果、自らのロバを失う者には災厄が訪れるのです。このことは、『申命記』において降り注ぐ呪いの重要性に見ることができます。そこでは、神が「汝のロバは奪われ、返されないだろう」という言葉で脅迫しているのです[10]。

ロバが追放され、取り除かれ、遠ざけられたとき、王国は呪われ、共和国は不幸になり、都市は荒廃し、家は荒れ果てるのです。ロバ性に与らないとき、感覚も意識も魂も役に立たないのです。〈ロバから落ちる〉というありふれた格言は、破壊と破滅と喪失を意味します。正統で聖なる博士の一人として受け入れられている、オリゲネス・アダマンティウスは、七十二人の使徒たちの説教の成果は、イスラエル人がモアブ人との戦いで獲得した七万二千匹のロバによって示されているとしました。なぜならば、これら七十二人の各自があらかじめ救済が定められている魂を千（すなわち完全な数）獲得し、モアブ人の手から奪った（すなわちサタンの圧政から解放した）からです[11]。加えて、より信仰が厚く聖なる人たち、旧約と新約の法を愛し、実行する人たちは、絶対的に、そして特定の特権を得て、ロバと呼ばれたのです。もしもわたしを信じないならば、「ロバと子ロバを解き放ち、わたしに送りなさい」という『福音書』の言葉から学んでください[12]。ヘブライ人とギリシャ人とラテン人の神学者たちが、『民数記』に書かれている一節、〈主はロバの口を開き、ロバは話した〉[13]、について語ったことを熟慮してください。聖書の多くの他の箇所もこのことと合致しているのをお察しください。それらの箇所では、神の摂理が様々な神的な預言者たちの口を開かせる時に、しばしば次のように紹介されているのです。「おー、おー、主よ、わたしには語るすべがありません」[14]「主は彼の口を開いた」[15]。さらにしばしば「わたしは汝の口の中にいるだろう」(16)。多くの祈りの際には「主よ、わたしの唇を開いてください。わたしはあなたを讃えるでしょう」(17)。さらに新約聖書においては「口の不自由な人たちは語り、貧しい人たちは福音を伝える」(18)。これらすべては、主がロバの口を開き、ロバが語ったことによって寓意化されているのです。このロバの権威によって、このロバの口と声と言葉によって、自惚れて、傲慢で、向こうみずな世俗的学問は、飼い慣らされ、打ち負かされ、足蹴にされます。そして、天に向かって頭をもたげるあらゆる高慢は打ち砕かれるのです。なぜならば、神は、世俗的権力を混乱させるために、最下位のものを選んだからです。神は愚かなものに栄誉を与えました。というのも、知恵によって取り戻すことができないものは、聖なる愚かさと無知によって修復されるからです。それゆえに、知者たちの知恵は非難され、賢者たちの賢慮は拒絶されるのです。宗教や儀礼や法や信仰や道徳を作ったのは、世界の愚者たちでした。天の加護によって傲慢な堕落した信仰を改良し、傷ついた宗教の傷を癒やし、迷信の悪用を取り除き、服の切れ目を縫い合わせるのは、（思想も学識も欠き、市民的な生も道徳も持たずに、不断の衒学の中で朽ちている）世界最大のロバたちであり、不敬な好奇心を持って自然の秘密を追い求め、星々の変化を計算する者たちではないのです。彼らは、今もかつても、諸物の秘密の原因を気にかけたことはありません。王国の崩壊、民の散乱、火災、流血、荒廃、そして殺戮の言い訳をしたことはありません。彼らのせいで全世界が滅びるかどうか心配したことはありません。彼らの貧しき魂が救われ、天に住まい、彼らの宝を至福の王国の中に隠すことができさえすれば、彼らは、（もう一つの永遠の人生が確実であるがゆえに）この脆弱で不確かな人生の名声や利益や栄誉にはまったく配慮しないのです。神的な霊から明白なしかたで啓示を受けていた、古の賢者たちの寓話にも、ロバは登場します。大地の息子であり、天の簒奪を企む、巨人たちの逆賊に対する、神々の戦いに関する含蓄ある寓話において、これらの賢者たちは、神々がロバの声によって敵を混乱させ、恐れさせ、驚かせ、破り、支配したと言っているのです。聖なる像の覆いを持ち上げて、雌ロバの顎骨で千人のペリシテ人の命を奪った神々しいサムソンの啓蒙的な意味に視線を定めれば[19]、〔巨人たちとの戦いと〕同じ意味がそこにじゅうぶんに表現されていることが分かります。このことは、聖なる解釈者たちによれば、雌ロバの顎骨（すなわち、律法の説教者とシナゴーグの聖職者たち）と子ロバの顎骨（すなわち、新しい律法の説教者と戦う教会の聖職者たち）とによって千人（完全な数）の敵が滅ぼされたことを意味します。このことは『あなたの左側で千人が倒れ、あなたの右側で一万人が倒れた』という言葉によっても示されています。そして、彼らが倒れた場所は、ラマト・レヒ、すなわち「顎骨の高台」と呼ばれています[20]。この顎骨によって、説教の結果生じた敵対する憎むべき権力者たちの破滅だけではなく、再生した人々の救済ももたらされました。なぜならば、同じ顎骨から、すなわち説教の効用として、神的知を宣言し、天の恵みを分け与え、飲み手を不死にする水が溢れ出たからです。

それゆえに、死せるロバの強靭にして勝利をもたらす顎骨よ、死せる子ロバの天の恩恵をもたらす聖なる顎骨よ、もしもこの骨と聖なる遺物の栄光と顕彰がこれほど大きなものであるならば、生きるロバ全体（子ロバであろうと母ロバであろうと）に何らかの聖性、恩恵、神聖さ、勝利がなければならないでしょう。親愛なる聴き手よ、わたしの書いたものの有効的な読者にしてわたしの声の聴き手よ、わたしはあなた方に向かって話します。そして、あなた方が自らに忠実であるようにと、あなた方に話し、助言し、奨励し、懇願します。わたしをあなた方の悪から解放してください。あなた方の善を分かち合ってください。心の危険な豪奢から逃れてください。霊の貧しさへと身を引いてください。謙遜の心を持ち、理性を拒絶し、知性の燃える光を消してください。この光は、あなた方に火をつけ、燃やし、消耗するのですから。あなた方の苦痛を増大させるに違いない学問の位から逃亡してください。あらゆる感覚を否定し、聖なる信仰の虜囚となり、あの聖なる雌ロバになり、あの栄光ある子ロバになってください。彼らだけのために、世界の救世主は彼のしもべたちに「向こうの町へ行きなさい」と言ったのです。その意味は、感覚的で物体的な世界全体を通りなさい、ということです。この世界は、叡智的で非物体的な世界の似姿として、それに対置され、その下に置かれているのです。また、「あなたたちは繋がれている雌ロバと子ロバを見つけるでしょう」とも言いました[21]。その意味は、ベリアルの捕囚として従属し蹂躙されている、ヘブライの民と異教徒に出会うであろうということです[22]。さらに主は、福音を説き、洗礼の水を流すことによって「(雌ロバと子ロバを)解き、捕囚から解放し、わたしの元に連れて来なさい」と言いました。それは、彼らが主に仕え、主のものになり、主の肉体の重み、つまり主の聖なる教えと法を、肩に担い、主の神的な助言に抑制されて、主とともに天上の都市である勝ち誇るエルサレムに入城する資格と能力を得るためなのです。誰が救済された者たちなのか、誰が招聘された者たちなのか、誰があらかじめ定められた者たちなのか、誰が救われたのかを、ここで見てください。彼らは、雌ロバであり、子ロバであり、単純な者たちであり、議論に貧しい者たちであり、幼子であり、子どものように話す者たちなのです。彼らこそが天の王国に入る者たちなのです。彼らは、この世界とその虚栄を軽蔑して衣服を踏みにじり、この魂を覆う肉体の世話を追放しました。彼らは、より栄光ある勝ち誇ったしかたで雌ロバとその大事な子ロバになるようにと、肉体を足蹴にし、地上へ投げ捨てたのです。

親愛なる人たちよ、もしもまだロバでないならば、神があなたたちをロバにするように、神に祈ってください。あなたたちはただ望みさえすればよいのです。というのも、恩恵はたやすくあなたたちに与えられ、あなたたちは自然本性の上ではロバであり、共通の学問はロバ性以外の何物でもないからです。だからこそ、あなたたちが神の御心に沿ったロバであるかについて、すなわち戸の前に結かれてとどまる不幸なロバではなく、中に入る幸福なロバであるかについて、留意し、考えなければならないのです。

信仰の厚い人たちよ、思い出してください。われわれの第一の両親は当時神の気に入り、神に厚遇され、庇護されて、地上の楽園で暮らしていましたが、そこで彼らは、ロバ、つまり単純で悪意を知らない者たち、だったのです。善悪を知る欲望に刺激されることができた時、彼らはいかなる知識も持っていませんでした。当時彼らは蛇の言う嘘を信じることができました。また、神によって死を予言されていたにもかかわらず、その反対が起こると思っていたほどでした。このような状態の中で、彼らは満足し、受け入れられており、いかなる苦痛も心配も災いもありませんでした。さらにまた、神がヘブライの民を愛したのは、この民が、エジプトの支配のもとで、苦しみ、奴隷であり、卑しく、迫害され、無知であり、重荷を背負い、棺を担ぎ、駄馬のようであり、自然のロバとの違いは尻尾がないことだけであった時であったということを思い出してください。その時に、神はこの民を、彼の民、彼の民族、彼によって選ばれた一族、と呼んだのです。それに対して、この民が規律と威厳と偉大さを持ち、その他の、世俗的な意味で栄誉ある、民や王国に似ていた時には、邪悪で、劣悪で、悪質で、破廉恥であると言われたのです。

黄金時代を賞賛しない人はいません。そこでは、人間たちはロバであり、大地を耕作することを知らず、他人を支配することを知らず、他人よりも理解することもありませんでした。彼らは、洞窟を屋根として、獣の流儀で交わり、隠匿も嫉妬も性欲と食欲をそそる物もわずかしかありませんでした。あらゆるものは共通であり、食物は、母なる大地から生まれたままのりんごや栗やどんぐりだったのです。周知のように、人類においてのみならずあらゆる種類の動物において、母親は、末っ子をより多く愛し、より多く愛撫します。彼女は彼をより多く満足させ、怠けさせ、心配や労苦がないようにし、抱擁し、接吻し、強く抱きしめ、保護するのです。末っ子はいわば、善悪の区別がつかず、羊や獣の性質を分かち持ち、ロバであり、話すことも論ずることもできないからです。彼が成長し、良識と賢慮を持つにつれて、両親の彼に対する愛や世話や慈悲深い情愛は減少するのです。たくましさも、悪辣さも、人間らしさも、男らしさも、賢明さも、髭も、剛健も、成熟も持たない年齢の人物に対して、同情や甘言や好意を示さないほどの敵は存在しません。それゆえに、自らの主である神を憐憫へ誘おうとするときに、あの預言者は「あー、主よ、わたしは話す術がないので」と言い(23)、いなきで思いを伝えながら、自分がロバであることを示したのです。そして、別の箇所では、「わたしは子どもなので」と言ったのです。すなわち、それゆえに、罪を許されることを望むときには、聖書ではしばしば次の言い訳がなされているのです。「我々は愚かな行為をした」「彼らは愚かな行為をした」「彼らは自分たちがしていることを知らない」「我々は無知であった」「彼らは理解しなかった」といった言い訳です(24)。神からより大きな厚遇を得て、人間の間でより大きな信頼と恩恵と権威を獲得しようとするときには、ある箇所では「使徒たちは酔っ払いとみなされた」(25)と、別の箇所では「彼らは言っていることを知らなかった。彼ら自身が話していたわけではないからである」と言われています(26)。そして、彼らの中の最も卓越した者たちの一人は、彼の単純さを示すために、「自分は第三天へと連れ去られ、言葉にできない秘密を聞き、自分が生きているのか死んでいるのか、肉体の中にいるのか外にいるのか、わからなかった」と言っています(27)。別の人は、諸々の天が開かれるのを見たと言っています。そして、神々に愛された人たちがもつ別の主題もたいへん多く存在します。彼らに啓示された内容は、人間的な知恵には隠されており、理性的な議論から見れば、絶妙なロバ性なのです。というのも、これらの狂気、ロバ性、そして獣性は、われわれの神のもとでは、知恵であり、英雄的行為であり、知性であるからです。神が「彼のひよこたち」「彼の群」「彼の羊」「彼の小さき者たち」「彼の愚かな者たち」「彼の子ロバ」「彼の雌ロバ」と呼ぶ人たちは、彼を信じ、愛し、彼に従う人たちなのです。ロバ性とロバほど出来の良い鏡は、人間の前に置かれていません。主の葡萄畑で苦労して働きながら日々の報酬を期待する人がどういう人であるか、そして祝福された晩餐の味とこの儚い人生を終えた後の休息がどのようなものであるかを、ロバ性とロバは、逐一示すのです。神的な声によって是認されたこの真の知恵ほど、永遠の救済へとわれわれを導く従順はありません。それと反対に、感覚から生まれ、論証的な能力によって成長し、人間的な知性において成熟する、哲学的で合理的な観想ほど、われわれを冥界の深淵へと突き落とす力を持つものはないのです。それゆえに、あなたたち人間は、ロバになるように努力しなさい。そして、ロバになった人たちは、つねにより良き方向に向かうように、努め、配慮し、対応しなさい。そうすれば、あなたたちは、あの威厳に達することができるのです。この威厳とは、学問や仕事（それらがいかに偉大であるとしても）によってではなく、信仰を通じて獲得され、無知や失策（それらがいかに大きいとしても）によってではなく、（使徒が言うように）無信心によって失われるものなのです。もしもこのような状態にあり、このような者として自らを統御するならば、あなたたちは、生命の本の中に自らの名を見出し、この戦う教会の中で恩恵を得て、（その中で神がすべての時代を通じて支配する）あの勝利した教会の中で栄誉を獲得することになるでしょう。

雌ロバと子ロバの意味に関するたいそう敬虔なるソネット

目の前にある町へ行き、
息子といる雌ロバを見つけなさい。
彼らを解き放ち、手綱を掴み、
わたしのところに連れて来なさい。我が聖なる僕たちよ(28)。

もしも誰かがこれほど大きな秘儀を妨げようと、
お前たちに対してぶつぶつ言うならば、
眉をつり上げて答えなさい。
「偉大なる主は、彼らが勝利することを望まれる」と。

人間性の救世主を信じる者たちの

救済を示すために、
聖書はこのように語っている。

ユダヤと世俗の民の信仰厚き者たちは
単純にして純粋な生によって
あの卓越した座へと昇ることができるだろう。

敬虔にして忍耐深い者として、
彼らは子ロバをその母親とともに、
天使の群の一員にするだろう。

第一対話

対話者　セバスト　サウリーノ　コリバンテ(29)

セバスト　もっと悪いことに、彼らは、あなたが隠喩を差し出し、寓話を語り、寓喩で議論をし、謎を織り交ぜ、比喩を寄せ集め、秘儀を扱い、比喩的語法を咀嚼していると言うことでしょう。

サウリーノ　しかし、わたしは現に起きたことを語り、現にそうであることを提示しているのです。

コリバンテ　〈すなわち、汚れなしに、単純に、明らかに〉。しかし、君が言ったとおりであって欲しいものだ。

サウリーノ　コリバンテさん、あなたがこの仰々しい身振りとトガと顎髭と人を見下す態度で、〈汚れなしに〉神々の気に召したら良いのですがね。あなたの精神がいかに衒学に侵されているかは、〈汚れなしに、単純に、明らかに〉示されているのですが。

コリバンテ　〈それで十分かい〉。知恵の女神は、場所から場所へ、座から座へと、君を導いたのだね[30]。

サウリーノ　そうです。

セバスト　これらの座の配置について、他に言うことがありますか。

サウリーノ　今は特にありませんが、それでも許されるならば、座の配置について更なる説明をしたいと思います。そのためには、記憶を呼び覚ますことが必要です。なにしろ、考察に値する注目すべき提案の三分の一も思い出せていないのですから。

セバスト　正直言って、北方と南方の二つの座の後継者としていかなるものを神々の父が選んだかを知りたくてたまりません。あなたの話しがいかに興味深く、有益で、価値があるとしても、その結果を知るまでは一日千秋の思いがします。あなたがご提案を話すのを延期すればするほど、それに対するわたしの好奇心は高まるのです。

コリバンテ　〈実際、かなわない希望は精神（animus）を、いやむしろ魂（anima）を苦しめる。魂と言ったのは、それが受動的な性質をより示しているからだ。〉

サウリーノ　分かりました。これ以上、解決を延ばしてあなたをじらさないようにしましょう。小熊座がかつてあり、いまは真理が称揚されている場所のすぐ隣の座では、お話したように大熊座が取り除かれ、先述した協議の決定によって抽象的なロバ性が代わって座を占めたのです[31]。そして、あなたが空想の中でエリダーノ川を見るのと同じ場所に具体的なロバ性が存在するよう、神々は定めたのです[32]。その目的は、三つの天の領域のどこからでもロバ性を見ることができるためです。このロバ性は、蟹座の甲羅があるところで惑星の軌道によって隠されたかに見える、二つの小さな光から成っているのです。

コリバンテ　〈不敬な者どもは、遠ざかれ。〉何という冒涜、何という不敬だろう。〈真理〉の栄誉ある優れた座の隣に、きわめて不浄で非難に値するたぐいの理念〔ロバ〕が存在すると想定するとは。（もちろんこのことは現実には起こるはずがないのだが。）エジプトの賢者たちは彼らの神聖文字において、ホロス・アポロが何度も繰り返しているように、この理念を無知の典型とみなした。同様に、バビロンの僧侶たちは、ロバの頭を人間の胴と首につけて、無経験で御しがたい人間を表わしたのだ。

セバスト　エジプトの時代と場所に戻る必要はないでしょう。すべての世代の人々がコリバンテさんの言うことを確証しているからです。

サウリーノ　まさに、このことゆえに、わたしはこれら二つの座についての議論を最後まで引き延ばすことにしたのです。というのも、もしも先にこのことを話したならば、日常の言語や信念の習慣から、あなたたちはわたしが寓話を語っていると思い込み、他の天の座の改革についてのわたしの記述を、うさんくさそうに、注意も散漫に、聞いたでしょうから。わたしは、最初に考えをくどくどと並べることによって、あなたたちがこの真理を理解できるように準備しなければならなかったのです。実際、これら二つの座は、問題となっている素材にあなたたちが見出す豊さと同じだけの考察に値するのです。あなたは聞いたことがありませんか。この世界の狂気と無知とロバ性は、別の世界の知恵と教説と神性であるということを。

セバスト　第一の主要な神学者たちもそのように言っていますが、あなたほどたっぷりと語ったわけではありません。

サウリーノ　それは、わたしが今解説しているほど明らかに説明されたことがかつてなかったためです。

コリバンテ　それでは語ってください。われわれは注意深く聞きますから。

サウリーノ　あなたが「ロバ」や「ロバ性」や「獣性」や「無知」や「狂気」という名を聞いて驚かないために、卓越したカバラ主義者たちの考えを紹介し、考察の対象にしようと思います。彼らは、リンケウスとは違うしかたで光を得、アルゴスとは異なった目で、第三天へとは言いませんが、超世界的なセフィロート的宇宙の深淵へと達したのです。われわれが「四肢」や「服」と呼ぶ、十のセフィロートを観想することによって、彼らは、〈人間が語ることができる限りのことを〉洞察したのです。そこには、ケテル、ホクマ、ビナ、ヘセド、ゲブラー、ティペレト、ネザー、ホド、イェソド、マルクトの位相が存在します。それらの第一は「王冠」と呼ばれ、第二は「知恵」、第三は「摂理」、第四は「善性」、第五は「勇気」、第六は「美」、第七は「勝利」、第八は「賞賛」、第九は「確立」、第十は「王国」と呼ばれています。これらには、知性の十の位相が照応すると言われています。それらのうち第一のものは、ハロト・ヘカドスと彼らによって呼ばれています。第二のものはオパニムと、第三のものはアラリンと、第四のものはハスマリンと、第五のものはチョアキムと、第六のものはマラキムと、第七のものはエロヒムと、第八のものはベネロヒムと、第九のものはマレアキムと、第十のものはイッシムと呼ばれています。われわれは、それらの第一のものを「聖なる獣たち」あるいは「セラフィム」と、第二のものを「形成された輪」ないし「ケルビム」と、第三のものを「力強い天使たち」ないし「トロニ」と、第四のものを「像の作り手たち」と、第五のものを「権力」と、第六のものを「徳」と、第七のものを「主たるものたち」ないし「神々」と、第八のものを「大天使たち」ないし「神々の息子たち」と、第九のものを「天使たち」ないし「使者たち」と、第十のものを「分離された魂たち」ないし「英雄たち」と呼んでいます。それゆえに、感覚可能な世界においては、十の天が生じます。すなわち、一　第一の動者、二　星々に満ちた天、ないし第八の天、三　土星の天、四　木星の天、五　火星の天、六　太陽の天、七　金星の天、八　水星の天、九　月の天、十　四元素に分割された月下の混沌です。それらを補助するのが、十の動者ないし魂です。すなわち、一　メタットロンないし顔の原理、二　ラジエル、三　ザプシエル、四　ザドキエル、五　カマエル、六　ラファエル、七　アニエル、八　ミカエル、九　ガブリエル、十　サマエルです。これらの下には、四つの恐ろしい原理が存在します。第一の原理は、火の中で支配しており、ヨブによってベヘモトと呼ばれています。第二の原理は、大気の中で支配し、一般的に、そしてカバラ主義者たちによっても、ベエルゼフブ、つまり(空飛ぶ不浄なものである)ハエたちの原理と呼ばれています。第三の原理は、水の中で支配し、ヨブによってレヴィアタンと呼ばれています。第四の原理は、大地を統べ、すべてを通り、回り込み、ヨブによってサタンと呼ばれています。さらに以下のことを考えてください。カバラの啓示ホクマ――これには、ケルビムとして知られている車輪の形が対応しますが、このケルビムは、ラツィエルの知性の徳が存在する第八天にて影響力をもっています――によるとロバないしロバ性は知恵の象徴なのです。

コリバンテ　〈大山鳴動して。〉(33)

サウリーノ　幾人かのタルムードを信奉する人たちは、このような影響、樹木、階梯、あるいは依存の道徳的な理由を述べるときに、ロバが神的セピロートにおいて知恵の象徴であると言っています。その理由は、知恵の秘密の隠れ家へと侵入しようとする者は、冷静で忍耐強く、ロバの口と頭と背を持たなければならないからです。つまり彼は、謙虚で抑制された卑しい魂と、ヨモギとレタスを区別しない感覚を持たなければならないのです。

セバスト　わたしはむしろ、ヘブライ人たちがこの神秘をエジプト人たちから取り入れたと信じます。エジプト人たちは、自らの不名誉を隠蔽するために、ロバとロバ性を天へと持ち上げようとしたのです。

コリバンテ　〈説明したまえ。〉

セバスト　ペルシャ王オクスは、敵であるエジプト人たちからロバの姿で描かれていましたが、その後彼らに勝利して、虜にした時に、彼らによって崇拝されていた牛を生贄にし、代わりにロバの像を崇拝するように彼らに強いたのです。こうして、エジプト人たちは、彼らの牛オピンないしアピンをロバの生贄にするという汚名を得ることになったのです。そこで、エジプト人たちは、彼らの恥辱的な崇拝を栄えあるものにし、汚点を隠すために、ロバの崇拝に関して理屈を捏ね、非難と嘲笑の的であったものを尊敬の的に変えたのです。このようにして、崇拝と尊敬と観想と名誉と栄光の対象として、ロバはカバラ的、原型的、セフィロート的、形而上学的、理想的、神的なものになったのです。

このことに加えて、ロバは土星と月の動物であり、ヘブライ人たちは本性と才能と運命によって土星的で月的なのです。というのも、彼らは常に卑しく、奴隷的で、傭兵的で、孤独で、他の民族と交流することがないからです。自分たちが獣のように軽蔑する他民族から彼らが貶められているのは理由があり、もっともなことなのです。彼らは、エジプトにいた時には、荷を運び作業をする際ロバの仲間となりました。そして、彼らが癩病を病んでいたとの理由で、また彼らの不浄の中に土星的でロバ的な刻印があるのをエジプト人たちが彼らとの付き合いを通じて見抜いていたという別の理由からも、エジプト人たちの一部は彼らを国外に追放し、金のロバの偶像を彼らの手に委ねようとしたのです。この偶像は、すべての神々の中でもこの民にもっとも好意的であり、その他すべての民にとっては敵対的だったからです。それはちょうど土星がその他の惑星にとってそうであるのと同様です。それゆえに、その他のエジプトの祝祭を取り去り、自らの祭祀を維持しつつ、ユダヤ人たちは、ロバの偶像によって示された彼らの土星のためにサバトを祝い、月のために新月の祭りを祝ったのです。結果として、ユダヤのカバラ主義者たちにとっては、すべてのセフィロートがロバでありうるのです。

サウリーノ　あなたのおっしゃることの多くは正真正銘なことであり、多くはそれに近いことであり、その他はそれに似たことであり、いくつかは正真正銘な承認された歴史に反することです。それゆえに、あなたは真実で善なる幾つかの主張をしますが、何ひとつとして善かつ真なしかたで話していません。それはあなたがこの聖なる一族を軽蔑し馬鹿にしているからです。しかし、今日に至るまで世界に見出され、将来も約束されているすべての光は、この一族から生まれたのです。あなたは、ロバとロバ性が滑稽なものだという考えに執着しています。しかし、ロバ性は、ペルシャ人、ギリシャ人、そしてラテン人のもとではそうであったとしても、エジプト人とユダヤ人のもとでは卑しいものではなかったのです。そこから、「ロバの崇拝は力と暴力に起源を持ち、理性に命じられ、自由に選択されたのではない」という、他の諸民族における例の過ちと偽りが生じたのです。

セバスト　〈例えば〉オクスの力、暴力、理性と選択のことですね。

サウリーノ　わたしが言っているのは、神的な霊感、生得の善性、そして人間の知性のことです。しかし、この証明を完成させる前に、少しばかり以下のことを考えてください。これらへブライ人や彼らの信心を分かち持った他の諸民族は、ロバの観念と影響を悪いものであるとかつて考えたことがあるでしょうか。考えるべきだったでしょうか。現に考えているのでしょうか。父祖ヤコブが、十二の部族の先祖となる彼の子孫の出生と系譜を、十二の獣の姿で祝福した時に、ロバを置き去りにしなかったことを考えてみてください。ヤコブは、ルベンに牡羊を、シメオンに熊を、レヴィに馬を、ユダにライオンを、ゼブルンに鯨を、ダンに蛇を、ガドに狐を、アセルにカラスを、ナフタリに雄鹿を、ヨセフに羊を、ベンヤミンにオオカミをあてがった時に、第六子のイッサカルにはロバをあてがい、証として彼の耳に次のような素晴らしい神秘的な予言を囁いたのです。「イッサカルは、境界の間に立つたくましいロバ。彼は良き安らぎと豊かな土地を見つけた。彼は力強い肩を重みの下に置き、奴隷となって追い使われる。」(34)　これらの聖なる十二の部族は、天の帯にある黄道帯の十二の印に下界から対応しています。預言者バラアムは、丘の頂からそれらが平野の十二の兵営に分かれているのを見た時に、次のように言いました。「イスラエルの祝福された民よ、あなた方は星であり、高貴な羊の群に整然と並ぶ十二の印なのだ。このようにして、あなた方のエホヴァは、あなた方の偉大なる父アブラハムの種が星々のように増えることを約束したのだ。このことは、あなた方が十二の獣の名によって意味した、黄道帯の十二の印に従ってなされるのだ。」ご存知のように、あの霊感を受けた預言者が彼らを地上で祝福しなければならないときに、ロバに乗って姿を現し、ロバの声によって神の意志を教えられ、ロバの力でそこに到着し、ロバの上で手を広げて、神聖にして祝福された神の民を祝福したのです。そして、土星的なロバたちとかのセフィロートの影響を受けたその他の獣たちが、原型的なロバによって、予言をする自然のロバを媒体として、これほど大きな祝福を分かち持つことを明らかにしたのです。

コリバンテ　〈それゆえに、ロバには多くの種類がある。〉黄金の、原型的な、身にまとう、天上の、英知的な、天使的な、動物的な、予言をする、人間的な、獣のような、異邦人の、倫理的な、市民的な、家政的な種類がある。さらには、本質的な、基体的な、形而上学的な、自然学的な、仮定における、概念的な、数学的な、論理的な、道徳的な種類がある。さらには、最上の、中間的な、最下位の種類がある。さらには、可知的な、感覚的な、想像上の種類がある。さらには、理想的な、自然的な、概念的な種類がある。あるいは、多数の前の、多数の中の、多数の後の種類がある。だから、従いなさい。なぜならば、〈少しずつ、段階的に、一歩ずつ〉より明らかに、高く、深く、君たちはわたしを理解するだろうから。

サウリーノ　本題に戻ると、ロバ性が座の配置において天に位置を占めているのは、奇妙なことではないのです。

これらの座は、この世界と物質的宇宙の上位の部分にあるのですが、この世界は自らの内に上位の世界に対応するある種のアナロジーを持っているのです。

コリバンテ　〈この世界はかの世界にかくも接触しているが故に、その中のすべての徳はかしこから統制されている。〉このことは、ペリパトス派の君主〔アリストテレス〕が『気象学』第一巻で述べている通りだ。

セバスト　おー、なんという膨張した長ったらしい言葉でしょうか。たいそう博識で鳴り響く名声のコリバンテ氏よ。

コリバンテ　〈御意。〉

セバスト　本題に戻らせてください。そして邪魔をしないでください。

コリバンテ　〈先へ。〉

サウリーノ　学問ほど真理に近く、近縁のものはありません。それは、自らの中に二つの区別を含んでおり、そのように区別されるべきです。すなわち、上位の学問と下位の学問です。第一の学問は、創造された真理を超越しており、創造されていない真理と同じものであり、万物の原因です。なぜならば、それを通じて、真の諸物は真であり、存在するものすべてが真の意味で存在するものであるからです。第二の学問は、下位の真理であり、諸物を真にせず、真なる諸物でもなく、真なる諸物に依拠し、それらから生み出され、形成され、形を与えられているのです。そして、それは真なる諸物を真理において把握するのではなく、形質と類似において捉えるのです。なぜならば、われわれの心の中には、黄金に関する学問が見出されますが、だからといって実際に黄金があるのではなく、形質と類似があるのみだからです。したがって、諸物の原因であり、すべての諸物を超越するものとして存在する真理もあれば、諸物の中に、諸物について存在する別の種類の真理もあり、さらに第三の、最後の種類として、諸物の後に、諸物に依拠して存在する真理もあるのです。第一の真理は、原因という名を持ちます。第二の真理は、物という名を持ちます。第三の真理は、認識という名を持ちます。第一の様態における真理は、セフィロートの一人によって示される理念的かつ原型的な世界に存在します。第二の様態における真理は、われわれの上位にある天の中心が置かれている第一の座に存在します。第三の様態における真理は、近くからわれわれの脳に影響を与える物体的な天の、すでに言及した座に存在します。この領域には、無知と愚かさとロバ性が存在し、大熊はそこから追放されているのです。現実的で自然的な真理が概念的な真理によって吟味され、後者は前者を対象とし、前者は自らの形質を通じて後者を主体とするのですが、このようにして前者の住居に後者が近接して結合されている必要があるのです。

セバスト　対象と活動と能力が時には結合しているように、自然の秩序においては、真理と無知（ないしロバ性）が近接しているとおっしゃるのはもっともです。しかしながら、なぜ学問と認識以上に無知（ないしロバ性）が真理に結びつき、近くにあるのかを明らかにしてください。というのも、無知と狂気が真理から遠く離れているのではなく、それに近接し、それと居を同じくするというのは、荒唐無稽だからです。実際、それらは、正反対の領域に属する虚偽に結ばれるべきなのです。

サウリーノ　なぜならば、無知と狂気抜きで（そしてその結果、それらを意味し、それらと同じものであるロバ性抜きで）

創造された知恵は、真理を把握することができないからです。ですから、ロバ性が媒介する必要があるのです。実際、行為が媒介することによって、対象と能力という二つの対極が合致するように、ロバ性において真理と〈我々が知恵と呼ぶ〉認識が合致するのです。

セバスト その理由を簡潔に述べてください。

サウリーノ われわれの知は無知だからです。あるいは、いかなるものについても学問は存在せず、いかなる真理の把握も存在しないからです。あるいは、真理に向かう何らかの入口があるとしても、その扉は無知によってしか開かれないからです。無知は道であり、扉の番人であり、扉そのものなのですから。知恵が無知を通じて真理を発見するならば、この発見は愚かさを通じてなされることになり、結果としてロバ性を通じてなされることになるのです。したがって、このような認識を持つものは、ロバの認識を持ち、ロバの観念を分かち持つことになるのです。

セバスト それでは、あなたの仮定の正しさを示してください。というのも、すべての推論を承認したいとわたしは望んでいるからです。実際、「無知な者は、無知であるかぎり、愚かである。愚か者は、愚かであるかぎり、ロバである。それゆえに、無知はロバ性である」という推論は、不適切なものではありません。

サウリーノ 真理の観想に向けて、一部の人たちは、教説と理性的認識を通じて、あるいは内的な光を呼び覚ますことによって魂の内部に侵入する能動的知性を通じて進みます。これらの人たちは稀であり、それゆえに詩人は、〈輝かしき徳が天へと運んだ少数者たち〉(35)と呼んでいます。他の人たちは、無知を通じて〔真理の観想へと〕向かい、そこに達しようと努めています。これらの人たちの一部は、単純な否定の無知と呼ばれているものに冒されており、知りもせず、知るふりもしません。別の人たちは、劣悪な性質の無知と呼ばれているものに冒されています。彼らは、知ることが少なく偽りの情報に満たされれば満たされるほど、より多く知っていると考えているのです。彼らは、真実を知るために二重の労苦を必要とします。すなわち彼らは、〔真実と〕反対の習慣を脱ぎ捨てて、そのうえで別の習慣を習わなければならないのです。他の人たちは、神から得たものとして称賛されている無知に冒されています。その中には、自らの知を言うことも知ることもなしに、他者に無知の極みと思われているにもかかわらず、あの栄誉に満ちたロバ性と狂気に自らを委ねることによって、真に学識がある人たちがいるのです。そして、彼らの中の何人かは自然哲学者です。彼らは、自らの理性の明かりと共に歩くのですが、感覚と理性の明かりによって、理性と感覚のあらゆる明かりを否定するのです。他の人たちは、信仰のランプと共に歩む、というよりもむしろ導かれて、知性を獲得するのですが、この知性は、彼らを支配し、意のままに彼らを正しい道へと導くのです。彼らこそが本当の意味で、誤謬を知らない者なのです。なぜならば、彼らは自らの誤謬に満ちた理解力と共に歩むのではなく、上位の知性の誤謬を知らない明かりと共に歩むからです。本当にこの人たちこそが至福のエルサレムと神の真理の開かれた視界に達するのに適しており、あらかじめそのように定められているのです。というのも、彼らの騎手は神的な知性であり、それなしには誰も彼らを導くことができないからです。

セバスト　無知とロバ性の種類をどのように分類するかがこれでお分かりでしょう。このようにして、ロバ性が必要な神的徳であることを認める必要が徐々に明らかになったのです。ロバ性なしには、世界は失われ、ロバ性によって世界は救済されているのです。

サウリーノ　この点に関して、より詳しく区別するための別の原理をお聞きください。われわれの知性(それは知恵に存します)を真理(それは可知的対象です)に結びつける原理は、カバラ主義者たちや特定の神秘的神学者たちによれば、無知の一種です。ピュロン主義者たちや懐疑主義者たちやその他同類の人たちによれば、別の種類の無知です。キリスト教的神学者たちによれば、さらに別の種類の無知です。彼らの中でも、タルソスの人(パウロ)においては、この無知は、礼賛されればされるほど、より大きな狂気であると全世界から見なされるに至ったのです(36)。第一の種類は、つねに否定し、それゆえにけっして肯定しようとしない否定的無知と呼ばれています。第二の種類は、つねに疑い、けっして決定したり定義したりしようとしません。第三の種類においては、すべての原理は認識され、承認され、ある種の議論によって明らかにされますが、明らかな証明は欠いています。第一の種類は、逃亡しさまよう子ロバによって示されています。第二の種類は、二つの道の間に立ち止まるロバによって示されています。このロバは、これらの道のどちらに行くかを決心することができずに、中間点から離れることができないのです。第三の種類は、子ロバと一緒に世界の救世主を背負う雌ロバによって示されています。そこでは雌ロバは(聖なる博士たちの教えに従えば)ユダヤ民族の象徴であり、子ロバは異民族の象徴です。母なるシナゴーグから娘の教会が生まれたように、どちらも、信者たちの父であるアブラハムから生まれた同じ種族に属しているのです。これら三種の無知は、三本の枝のように、唯一の幹において一つになるのですが、そこではロバ性が原型として影響力を持ち、十のセフィロートの根の上にしっかりと植えられているのです。

コリバンテ　素晴らしい考えです。これらは、修辞学的説得でも、詭弁的な論駁でも、トポス的な妥当性でもなく、自明の論証です。これらによって、ロバは一般に信じられているような卑しい動物ではなく、はるかに英雄的で神的な状態に置かれているのです。

セバスト　サウリーノさん、定義を完成させるためにこれ以上力を尽くす必要はありません。コリバンテさんを満足させましたし、あなたがこれまでに述べられたことは、あらゆる良き聞き手をたやすく満足させるものだからです。いまや、第二の様態における無知とロバ性に存する、あの知恵の根拠を教えてください。すなわち、ピュロン主義者たち、懐疑主義者たち、そしてその他のアカデメイア学派の哲学者たちは、いかなる理由によってロバ性を分かち持っているのでしょうか。というのも、第一と第三の種類については、それらが感覚から隔絶し、誰もが認識できるほど明瞭であることは疑いないからです。

サウリーノ　あなたの質問には、すぐに答えることにします。しかし、最初に、愚かさとロバ性の第一の様態と第三の様態は、ある種のしかたでひとつになる、ということに留意してください。それらは、不可解で言葉にできない原理に同じように依拠しながら、学識の中の学識、教説の中の教説、学芸の中の学芸であるところの、あの認識を構成しているのです。この認識に関して、どのようにしたらわずかな学習で苦労なしに、各人がそれを、過去においても現在においても、求め、獲得するのかについて、あなたに述べたいと思います。聖なる博士たちと啓示を受けたラビたちは、以下のことを見抜きました。すなわち、自らの個々の才能に自信を持ち、無謀な思い上がりに満たされて、神性の内奥の秘密の知識へと自らを高める暴挙に出た、世界の自惚れた高慢な知者たちは、バベルの塔を建てた者たちと同様に、混乱し、分散されて、袋小路に陥ったのです。その結果、彼らは、神的な知恵と永遠の真理に到達することがますますできなくなったのです。彼らは何をしたのでしょうか。どちらの側に着いたのでしょうか。彼らは歩みを止め、腕を組んだり下げたりし、目を閉じ、あらゆる適切な注意と熱意を追放し、人間的な思想をすべて非難し、あらゆる自然の感情を否定しました。そして最後には、自分がロバであることに気づいたのです。そして、ロバではなかった人たちは、この動物に変身しました。彼らの耳は、立ち、広がり、とがり、太くなり、大きくなったのです。そして魂のすべての能力は聴覚に集中し、〈耳で聞くことでわたしに従った〉[37]と言われている人のように、聴くことと信じることだけが残ったのです。彼らは、植物的、感覚的、そして知的な能力を集中し、五つの指を一つのひづめへと拘束しました。その理由は、彼らがアダムのように学問の木の禁じられた果実を取ろうと手を伸ばすことを（このことは生命の木の果実の喪失に繋がったのですが）断念するためなのです。あるいは、（同じ内容を別の比喩で示すと）プロメテウスのように、理性的能力の灯火をともすためにゼウスの火を盗み出そうと手を伸ばすことを断念するためなのです。このように、われわれの神聖なロバたちは、自らの考えと感情を持たずに、神々ないし神々の代理人たちが彼らの耳にささやいた啓示のみを理解するのです。その結果、彼らはこれらの言葉以外のいかなる法律によっても身を律することはないのです。ですから、彼らは、手綱やはみによって喉や口に与えられる指示に従って、右往左往せず、教えられたように歩くのです。彼らは唇を大きくし、顎骨を丈夫にし、歯を分厚くしたので、彼らの前に置かれた食べ物がいかに硬く、棘だらけで、苦く、消化しにくいとしても、口に合うようになっているのです。結果として、彼らは、大地の背の上で食する他のいかなる獣よりも、粗く粗野な食事をすることになるのです。このことはみな、それを通じて彼らが最高の高みに達することができる、あの最大の卑しさに達するためなのです。〈自らを卑しめる者は、みな高められるだろう〉(38)という言葉の通りに。

セバスト　しかしながら、次のことを知りたいものです。いかにしてこの獣は、彼の乗り手が神であるのか、悪魔であるのかを区別できるのでしょうか。人間であるのか、それとさして違わない別の獣であるかを区別できるのでしょうか。というのも、この獣にとってもっとも確かなことは、彼がロバであり、ロバであることを望み、ロバよりもましな人生や優れた習俗を送ることができず、ロバよりもまともな目的を期待できず、ロバのもの以外のいかなる喜びも持つことがふさわしくない、ということだからです。

サウリーノ　能力を超えてものを求めることがない者は、信仰厚き者です。彼は、自らのものを認識し、自らのものを自らのものとして維持し、それを奪われることがないからです。聖なる無知よ、神的な狂気よ、超人的なロバ性よ。恍惚状態にある、深遠な、観想的なディオニュシオス・アレオパギタは、カイウスへの書簡の中で、まるでロバ性が神性であると言うのと同義であるかのように、無知がもっとも完成された学識であると主張しています。学識あるアウグスティヌスは、この神的なネクタルに酩酊しつつ、『ソリロクィア』において、学問よりも無知がわれわれを神へと導き、無知よりも学問がわれわれを破滅させると証言しています。世界の救世主がロバの足を使ってエルサレムに入った際に、この獣の姿が意味することとは、〔天上の〕都市において実現されることを、この戦闘的な都市の神秘的な解釈を通じて示すことでした。『詩篇』の預言者も、〈主は馬の力に喜ばず、走者の速度を楽しまない〉と言っています[39]。

コリバンテ 〈補足しなさい。主が喜ぶのは、雌ロバと、一緒に繋がれている子ロバの、力と顎骨である、と。〉

サウリーノ それでは、ロバ性とはあの高みへと向かい、近づく手段であるということをお示しするとしましょう。真なるものについてのあらゆる学問、掌握、判断を否定する以上の観想は世界において可能ではないということを理解し、お知りください。そうすると、最高の認識とは、何も知ることができず、何も知らないというある種の判断になります。結果として、それは、自分がロバ以外の何者でもあり得ず、何者でもない、ということを認識することになるのです。ソクラテス学派、プラトン学派、懐疑学派、ピュロン学派、そしてその他の同様の諸学派は、この目標に到達したのです。ですから、彼らには、自分たちが見ることができないほど短い耳と繊細な唇と短い尻尾は持たなかったのです。

セバスト サウリーノさん、お願いです。このことを確証し、宣言するために、今日は別の論点に進まないでください。今のところ十分に理解しましたし、もう夕食の時間です。これ以上議論を進めるためにはもっと時間が必要です。ですから、（コリバンテさんも同じことを考えていると思いますが）この問題を明らかにするために明日再会するとしましょう。わたしは、オノリオを連れてきましょう。彼は、かつてロバであったという記憶を持ちながら、全身全霊、ピュタゴラス主義者なのです。加えて、彼は自身の身の上に関する壮大な話をすることができ、われわれに何らかの提案をすることができるでしょう。

サウリーノ　良いでしょう。そうして欲しいものです。きっと彼はわたしの仕事を楽にしてくれるでしょうから。

コリバンテ　〈我もまたこの見解に賛同する。〉我が弟子たちと別れ、〈彼らが自らの住居と竈に帰る〉時間が来た。それでは、〈お望みならば〉この問題が帰着するまで、同じ期間に毎日ここに君達に会うことにしよう。

サウリーノ　わたしも同様にしましょう。

セバスト　それでは帰るとしましょう。

第二対話

第二対話第一部

登場人物　セバスト、オノリオ(40)、コリバンテ、サウリーノ

セバスト　あなたは荷を運んだことを覚えていますか。

オノリオ　重い荷物や時には棍棒を耐えることもありました。最初は、ある庭師に仕え、テーバイの町から城壁近くの菜園へと肥料を運ぶのを手伝い、それからキャベツやレタスやタマネギやスイカやセリや大根やその他の野菜を菜園から町へと運んだのです。その後、彼からわたしを買った炭職人のもとに行きました。彼のもとでわたしは数日だけ生きていました。

セバスト　どうしてこのことを覚えているのですか。

オノリオ　そのことについては、後で説明しましょう。わたしは、岩だらけの断崖の上で草をはんでいましたが、いくぶん絶壁のほうに生えたアザミを噛もうという欲望に引かれました。わたしは、危険なくそこに首を伸ばすことができると思ったので、良心にも本能にも責められることなく、必要以上に身を乗り出したのです。そして、高い岩から墜落し、わたしの主人は、わたしをカラスの餌にするために購入したことに気づいたのです。わたしは、肉体の牢獄から解放されて、四肢を持たないさまよえる精神となりました。そして、精神的実体として自分が、類においても種においても、他のすべての精神と異ならないと考えるようになりました。（これらの精神は、他の動物や有機体が解体したために転生していたのです。）そして、運命の女神は、肉体的質料のふところの中で人間の体とロバの体とを、そして生物の体と無生物の体とを、無差別にするように、精神的質料のふところにおいては、ロバの魂を人間の魂と、そしてこれらの動物を構成する魂を万物に見出される魂と、無差別にするということに気づいたのです。ちょうどすべての水分が実体においてひとつの水分であり、空気のすべての部分が実体においてひとつの空気であるように、すべての精神は精神のアンフィトリテ〔太海〕から発し、すべてはそこに戻るのです。そして、しばらくこの状態にいた後に、

　神に呼ばれて群なして、レテの河畔に集められ、
　すべてを忘れて天上の、蒼穹再び見るを待ち、

再び肉体被る（きる）ことを、望み出すようさせられた(41)。

そして、わたしは、レテ〔ギリシャ神話における忘却の川〕の急流の波の水を飲むことなしに幸福の原を去りました。メルクリウスを主たる道案内とする大衆の中で、わたしは、レテの水を他の者たちとともに飲むふりをしましたが、じつは、監視たちがだまされるまで腹ばいになって唇をつけていただけなのです。監視たちは、わたしの口とあごが濡れているだけで満足したのです。わたしは、コルネア門を通ってより清浄な空気への道を取り、深淵をはるか下方に残して、パルナソス山に到着しました。この山は――伝説ではなく本当に――ヒッポクリネの泉ゆえに、父アポロによって娘のミューズたちに与えられたのです(42)。そして、わたしは、運命の力と命令によってロバに戻りましたが、叡智的諸形質を失わず、動物であるにもかかわらず、精神はそれらを保持することができました。このような能力のお蔭でわたしの両脇から二つの翼が姿を現し、わたしは自分の重い肉体を星辰の高みにまで運ぶことができるようになりました。そして、わたしは、単なるロバとしてではなく、空飛ぶロバ、あるいはペガサス馬として現れ、そう呼ばれたのです。それゆえに、わたしは、賢明なユピテルの数多くの命令を遂行する者となり、ベルロフォンに仕え、多くの輝かしき偉業を成し遂げ、最後に、アンドロメダ座と白鳥座の近くから魚座と水瓶座の近くに至る天の場所を占めることになったのです。

セバスト　これらのことについてより詳しく教えてくださる前に、お願いですから、お答えください。あなたは、事実の経験と記憶によって、ピュタゴラス派やドルイド僧たちやサドカイ派やその他の類似した学派があの持続的な輪廻、つまりすべての魂の変容と転生に関して抱いている見解が真であるとお思いでしょうか。

〈魂は獣から人間のからだへ
われわれ人間から獣へと移り
けっして滅びはしないのだろうか。〉(43)

オノリオ　まさにその通りです。

セバスト　それゆえに、あなたたちが堅持していることは、人間の魂は実体において獣の魂と同一であり、形態においてしか違わないということですね。

オノリオ　人間の魂は、種的本質と類的本質において、蠅や牡蠣や植物や、その他魂を持つあらゆるものと同一なのです。大なり小なりの生命力と完成度をもって自らの内に精神との交流を持たないような肉体は、存在しないのです。さて、〔すべての生き物に共通の〕この精神は、運命ないし摂理、命令ないし運によって、時に応じて様々な種類の肉体に結合します。そして、体質や四肢の相違に応じて、異なった程度と完成度を持つ才能と働きを有することになります。それゆえに、蜘蛛の中の精神ないし魂は、蜘蛛特有の勤勉さと、蜘蛛特有の数や大きさや形をしたかぎ爪と足を持つことになります。同じ精神は、人間に生まれたときには、別の知性、別の道具、別の行動と行為を獲得することになるのです。それに加えて、もしも〔このようなことが可能であるとして）蛇の頭が人間の頭と同じ丸い形を持ち、その胴が蛇という種に可能なかぎりの容量を持ち、その舌が幅を持ち、肩が広まり、腕や手が分枝し、尾があるところに足が生えたとしたならば、人間と同じように理解をし、現れ、物を見、話し、活動し、歩くことでしょう。というのも、それは、人間以外の何物でもないからです。反対に、もしも人間が腕や手を胴体に収め、すべての骨が背骨一本の形態へと融合し、とぐろを巻き、蛇のすべての姿勢と体質を得るとしたら、その人間は蛇以外の何物でもないでしょう。その時に、その人間は、ある程度の活発さを持った才能を有し、話すかわりにシュッシュと息を吐き、歩くかわりに這い回り、宮殿を建てるかわりに穴を掘り、部屋ではなく窪みを好むことでしょう。そして、かつては人間のものであった四肢、道具、能力と活動は、いまや蛇のものへと変わるでしょう。それはちょうど、同一の職人が手元にある素材の状況から異なったしかたで影響を受け、異なった道具を持っていることによって、異なった才能を行使し、異なった仕事を遂行するようなものです。それゆえに、あなたたちは、多くの動物が人間以上の才能と知性を持つことができることを、理解できるでしょう。（実際、蛇を地上の他のすべての獣の中でもっとも賢いと言ったモーゼの言葉(44)は、冗談ではありません。）しかし、これらの動物は、道具を欠くために劣ったものとなり、人間は、道具を豊富に持つがゆえに、勝ったものになるのです。そして、何が真理か、もう少し詳しく考察してください。自分の中で以下のことを検討してください。すなわち、もしも人間が今の二倍の才能をもち、能動的知性が今までないほど輝いたとしても、その他の部分はそのままの状態でその両手だけが二本の足に変形したならば、どこに人間同士の会話がさまたげなく存在しうるでしょうか。どうしたら、無数の種類の獣に食べられて破滅することなしに、彼らの間に馬や鹿や豚とは違った家族や共同体を創設し存続させることができるでしょうか。そして、その結果、教説の教育や諸学の発見や市民の集会や建築物の構造やその他人間の偉大と卓越性を示し、人間を他の種に君臨する不敗の勝者にするものは、どこに存在することでしょうか。これらすべては、もしもあなたが注意深く観察するならば、才能の指令によるのではなく、むしろ器官の器官である手の指令によるのです。

セバスト　猿と熊については何とおっしゃるのですか。彼らは、手を持つと言えないとしても、手よりも劣った道具を持っているのでしょうか。

オノリオ　彼らはそのような知性を受け入れる体質を持っていないのです。というのも、普遍的知性は、これらと同様の他の動物においても、物質的な体質の粗野さや不安定さゆえに、精神に思想の刻印をしっかりと残すことができないからです。もっとも、ここでなされた比較は、賢明な動物の種類にのみ当てはまるのですが。

セバスト　オウムは、文節化された声を出すのに適した器官を持っていませんか。それなのに、なぜ苦労してもわずかしか話せず、言っていることの意味を理解できないのでしょうか。

オノリオ　それはオウムには、人間にふさわしい理解力も記憶力もないからです。オウムが持っているのは、自らの種にふさわしい能力だけなのです。この能力のおかげで、オウムは飛ぶことも、食物を探すことも、栄養あるものを毒のあるものから区別することも、繁殖することも、営巣することも、住まいを変えることも、季節がもたらす被害に対処することも、生きるために必要なことを予見することも、教わる必要はありません。

そして、これらのことを上手に、時には人間よりも容易く行うことができるのです。

セバスト　学者たちは、このことは知性や推測によるのではなく、自然の本能によるのだと言っています。

オノリオ　これらの学者たちに聞いてください。このような本能とは、感覚なのか、知性なのかと。もしも感覚ならば、内的なものか、外的なものかと。そうすると、それは明らかに外的なものでないので、彼らは、これらの動物がいかなる内的な感覚によって、現在のみならず未来に関しても、人間よりも見事に、用心深く先読みをして、技を行使するのかを説明しなければなりません。

セバスト　彼らは、誤ることのない知性によって動かされているのです。

オノリオ　もしもこの知性が直近の個別的な作業に応用可能な、自然の直近の原理だとすると、それは普遍的でも外部から来るものでもありえず、特殊な、内部に備わるものでなければなりません。その結果、それは魂の船首に座を占める、魂の能力である、ということになるでしょう。

セバスト　それでは、あなたは、それが動者である普遍的知性であるとは考えないのですね。

オノリオ　普遍的な始動因である知性は、万物に共通の一なるものであり、運動と理解の原因です。しかし、それ以外にも、万物の中には特殊な知性があり、その中で運動と照明と理解が生じるのです。この特殊な知性は、個体の数に応じて多様化されています。視力が目の数に応じて多数化され、火や明かりや太陽によって動かされ、一般的に証明されているように、知性の力は魂を分かち持つ基体の数に応じて多数化されており、それらすべての上に知性的な太陽が輝いているのです。したがって、すべての動物を超えてひとつの能動的な感覚が存在し、すべての動物に感覚を与え、実際に感覚可能なものにするのです。同様に、ひとつの知性的な作用因が存在し、すべての動物に知的理解を与え、実際に知的能力を持つものにするのです。そして、その側には、基体の数ほどの多くの感覚と特殊な知性が存在します。これらは、肉体の特殊な体質と同数の体質(組織)の数に応じて存在するのです。

セバスト お望みのように主張し、理解されたらよいでしょう。わたしとしては、動物における合理的な本能を知性と呼びたくはありません。

オノリオ あなたがそれを感覚と呼ぶことができない以上、あなたは動物において感覚的かつ知性的な能力以外に別の認識能力を作り上げなければならないでしょう。

セバスト それを内的感覚の有効性と呼びたいと思います。

オノリオ このような有効性をわれわれは人間知性と呼ぶこともできます。人間はそれによって自然に推測できるのですから。そして、アヴェロエスがしたように、われわれは意のままに定義と名称を使用することができるのです。同様にわたしは意のままに、あなたたちが言う理解とは理解ではなく、あなたたちが何をしようとも、それは知性によるのではなく、本能によるのだと言うことができます。なぜならば、あなたたちよりももっと価値がある他の動物たちの作業(ハチやアリの作業がそうですが)は知性ではなく、本能と呼ばれているからです。実際、これらの動物の本能はあなたたちの知性よりも価値があるのです。

セバスト この点に関しては、これ以上議論するのは今はやめて、本題に戻るとしましょう。同・の蝌やその他の材料から様々な対立した姿が形成されるように、同一の身体的な材料からすべての身体が形成され、同一の精神的な素材からすべての精神が形成されるとお考えでしょうか。

オノリオ　疑いなしにそうです。このことに加えて次のことをお考えください。肉体と精神の様々な理由や習慣や秩序や尺度や数に応じて、様々な気質や組み合わせが存在するように、様々な器官や諸物の様々な種類が生み出されるのです。

セバスト　わたしの考えでは、この見解は、陶土が陶工の手中にあるように、すべてのものは普遍的な始動者の手中にあるという預言者の教説とさして変わらないように思われます。すべてのものは、星のめまぐるしい運行とともに生成と消滅の有為転変にしたがって生滅し、同じ断片から、賞賛される陶器やけなされる陶器が作られるのです

オノリオ　ラビたちの賢人の多くはこのように説明しました。「あなたは同情を増やすのに応じて、人間と家畜を助ける」(45)と言った者は、このように理解したと思われます。ネブカデネザルの変身(46)においても、このことが明らかにされています。それゆえに、サドゥカイ人の何人かは、洗礼者が(同一の肉体を通じてではなく、異なった肉体における同一の精神を通じて)エリヤであったのではないかと疑っています。何人かの人たちは、別の肉体における情念と行為に応じたこの種の再生において、神的な正義が実現されることに希望を抱いています。

セバスト　お願いですから、この点に関する議論はやめましょう。と言うのも、残念なことに、あなたの見解が

わたしの気に入り、真実さを増してきたからです。ところが、わたしとしては、先祖や教師たちから教わったあの信仰の中にとどまりたいと思っているのです。ですから、歴史や寓話や比喩の出来事について語ってください。そして、他の人たち以上にあなたによって捻じ曲げられた証明や権威について語るのはやめてください。

オノリオ　兄弟よ、もっともな理屈ですね。始めた話を終えるのは、別の機会にしたほうが良いでしょう。わたしが同じ話であなたの考えを覆し、あなたの清廉な良心を混乱させるのではないかと、あなたが危惧されないならばですが。

セバスト　そのようなことはありません。かつて聞くことができた他のどんな寓話よりも、このことを聞く方が面白いのですから。

オノリオ　それでは、もしもあなたが教えや教訓のためにわたしの話を聞かないならば、楽しみのために聞いてください。

第二対話第二部

セバスト　サウリーノとコリバンテは来ていないようですね。

オノリオ　そろそろ来る時間です。来ないよりは遅れて来た方がましですね、サウリーノさん。

コリバンテ　〈遅れて着いたなら、早く事を成そう。〉

セバスト　あなたがたが遅れたせいで、オノリオさんに答えて欲しかったいくつかの議論を聞きそびれてしまいましたよ。

オノリオ　残念ですがこのことはおいて、本題に戻るとしましょう。その他のことについては、より適切な時に個人的に話すことにしましょう。今は話の腰を折りたくないですから。

サウリーノ　そうしましょう。続けてください。

オノリオ　さてわたしは、先に言ったように、ペガサス馬として天の領域にいました。しかし、運命の定めによって、下位の事物へと振り向き（それは、わたしがその場所で獲得したある種の情念によるものですが、このことはプラトン主義者のプロティノスがたいそううまく記述しています）(47)、ネクタル酒に酔った者のように追放されてしまいました。そして、姿を天に残しながら、哲学者になったり、詩人になったり、衒学者になったりしました。そして、天の座には転生の間に時々帰りましたが、その際には肉体を宿していたときに獲得したイメージを記憶から失わなかったのです。そして、わたしは、別の地上の住まいに戻らなければならない時には、これらのイメージを図書館に保管するかのように天の座に残したのです。これらの記憶に値するイメージの最後は、わたしがマケドニアの王フィリッポスのもとで、一般に信じられているようにニコマコスの種から生まれたときに吸収したものです(48)。わたしはそのとき、アリスタルコスやプラトンやその他の人たちに弟子入りした後に、フィリッポス王の顧問であった父親のお蔭でアレクサンドル大王の教師に昇格しました。彼の治世の時に、わたしは人文学に造詣を深め、先駆者たちを凌駕していましたが、それに満足せずに、つねに大胆で僭越な衒学者のならいで、あつかましくも自然哲学者を気取ったのです。そして、ソクラテスが死に、プラトンが追放され、他の人たちが別のしかたで消え去り、哲学の認識が消滅したために、わたしだけが盲目な人たちの間で斜視の人間として残ったのです。そして、修辞学者や政治学者や論理学者としてだけではなく、哲学者としてもたやすく名声を獲得したのです。このようにしてわたしは、古人の見解を劣悪で破廉恥なしかたで報告しましたが、その破廉恥さといったら、わたしが報告した偉人たちの思想と言葉は、子どもや気が触れた老女でさえも語ったり考えたりしない類のものだったのです。そしてわたしは、ずうずうしくも自分が何も理解していないあの学問の改革者になったのです。わたしは、自分をペリパトス派の君主と呼び、アテネのリケイオンの回廊の下で教えました。そして、わたしの中で支配的であった光、というよりもむしろ暗闇、によって諸原理の本性と諸事物の実体について誤ったしかたで教え、魂の本質について妄言を吐き、運動と宇宙の本性について何一つ正しい理解を得ませんでした。そして結果的には、カルデア人やピュタゴラス主義者たちの時代に頂点に達していた自然学が、めぐりめぐってもっとも低い位置へと堕落したことの、張本人になったのです。

セバスト　しかし、あなたは長い間世界の驚嘆の的となったのです。そして、最大の驚きは、あるアラビア人が次のような発言をしたということです。すなわち、清浄で純粋で気高く真なる才能がどれほどの影響を持つことができるかを明らかにする究極の努力を、あなたの作品の中に見出すことができる、ということです。そして、あなたは「自然のダイモーン」と広く言われるようになったのです(49)。

オノリオ　信仰がなければ、無知な人々はおらず、学問と野蛮、徳と怠惰、さらにはその他の対立した印象が、夜と昼、夏の暑さと冬の寒さのように入れ替わることもないでしょう。

セバスト　さて、その他の提言を今は脇に置くとして、魂の概念に関することに話を戻しましょう。わたしはあなたの例の三書(50)を読み、考察しました。あなたはその中で、他の吃音の人以上に口ごもりながら語っているのです。というのも、あなたの発言は、数多くの見解、そして奇妙な意図と質問に注意を向け、これらの混乱した軽薄な提言を解きほぐそうとしているからです。その結果、あなたの見解は、仮に何かを隠しているとしても、衒学的でペリパトス的な軽薄さ以外の何も隠していないのです。

オノリオ　兄弟よ、このことは奇異なことではありません。というのも、いかなるしかたにおいても、わたし自身理解していないこれらの事柄に関するわたしの理解を、彼ら〔アリストテレス主義者たち〕が知ることはできないからです。あるいは、わたし自身何を言っているのか分からないときに、わたしが言いたいことの構造や論旨を見出すことなど、彼らにできるわけがないからです。猫の角や鰻の足を探す人と彼らとの間には何の相違もないのです。わたしは、他の人たちがこのことに気づくことによってソフィストの大家としての自分の名声を失うことを恐れて、以下のことをたくらみました。すなわち、自然哲学（わたしはこのことに関してたいへん無知であり、そのことを感じていました）に関してわたしを研究する人は誰もが、そこに不適切なことや混乱を見出した場合、その人がある程度優れた才能を持たないかぎり、この不都合の原因をわたしの深淵な意図に求めずに、彼がわたしの意味を自分の能力に応じて表面的にしか捉えていないことによると考えるようにと、仕向けたのです。それゆえにわたしは、『アレクサンドロスへの書簡』(51)を公表し、その中で、自然に関する著作は明るみに出されていると同時に暗闇に残されている、と主張したのです。

セバスト　このようにして、あなたはご自分の良心の咎めを軽くなさったように思われます。そして多くの大きなロバたちが裁きの日に、あなたが彼らを騙し、誘惑し、詭弁を使って、（本来ならば他の原理と方法で獲得できたはずの）真理の道からあなたたちを遠ざけたと、あなたを咎めても、それは彼らの間違いになるのです。あなたは、彼らが考えて当然のことを教えたにすぎません。あなたは著作をまるで公表されていないかのように公表したので、彼らはそれを読んだ後に、読んでいないと思うことになったのです。そして、まるで書いていないかのように書いたために、あなたの教説を教える人たちも、話さないように話す人として、聞かれなければならないのです。要するに、自分がけっして理解したことのない文章を考えて投げ出す人の話として、あなたの話は聞かれるべきなのです。

オノリオ　わたしの今の考えを正直にいうならば、確かにその通りです。というのも、誰一人として、彼が理解してもらいたいと示していること以上に、理解されるべきではないからです。そして、われわれの知性から逃走する人たちを、（彼らの一部が謎や隠喩を使って語っているとか、他の一部が無知な人たちの理解を妨げようとしているとか、他の一部が大衆に軽蔑されないようにしているとか、別の一部が真珠が豚によって踏まれないようにしているとかいった、様々な口実を設けて）知性によって追いかけるべきではないのです。我々は、あらゆるサテュロス、ファウヌス、泥酔者、黒胆汁の感染者が夢を語り、脈絡のない長話をするときに、それらの中に偉大なる預言、隠された神秘、秘密の技芸、死者をよみがえさせる神的神秘、賢者の石やその他の怠惰な手段があるかもしれないと疑う羽目になったのです。その結果、脳味噌の少ない者たちは、時間や知性や名声や財産を無駄に失い、惨めで不名誉な人生を送る羽目になったのです。

セバスト　このことをわたしの友達はよく理解していました。彼は、謎めいた預言者か誰かの本の冒頭を味見した後で、優雅な軽快さでそれを便所に投げ入れて、こう言いました。「兄弟よ、君が理解されることを望まないなら、わたしは君を理解しようとしない」と。そして、百の悪魔とともに去り、自分にかまわないでくれと付け加えたのです。

オノリオ　そして、同情と嘲笑に値するのは、以下のことです。これらの小冊子と愚鈍な論考について、シルヴィオは度肝を抜かし、オルテンシオは憂鬱になり、セラフィーノはやせ細り、カマロトは青ざめ、アンブロジオは年老い、グレゴリオは発狂し、レジナルドは抽象的な世界に迷い込み、ボニファッチョは増長しています(52)。

そして尊敬すべきコッキアローネ師[53]は、「無限の高貴な感嘆に満たされて」、粗野で劣悪な大衆から離れて、彼の部屋の中を徘徊しています。彼は、彼の文学的な礼服の縁をあちこち動かし、足を交互に動かし、胸を左右に突き出し、注釈のついたテキストを脇にはさんで、指につかんだノミを地面に投げるような姿勢をしています。そして、思考に集中した皺だらけの額をして、眉をひそめたり目を丸くしたりしながら、たいそう驚嘆した男のしぐさで、最後に強調的なため息をつきながら、回りのいる人たちに聞こえるように、〈他の哲学者はここまで深く考えなかった〉とつぶやくのです。狂人や別のしかたで霊感を受けた著者の、馬でも考えられる愚鈍な内容をもった本を教材にするときには、彼は、要点をつかんだことを示すために、〈あー、偉大なる神秘よ〉と言うのです。彼がたまたま見つけた本が……

セバスト　お願いですから、これらの話題にはもう触れないでください。それらについては、余りにも多くを耳にしているのですから。本題に戻ることにしましょう。

コリバンテ　〈そのように。仲間よ。〉あなたがペリパトス的基体とその他の仮定的な実体の中に失った記憶をいかなる順序と方法で取り戻したのかについて教えてください。

オノリオ　すでにセバストさんに言ったように、わたしは、どれだけ多く肉体を移動しようとも、別の肉体を身にまとう前に、ロバ的イデアのあのわたしの痕跡へと戻ったのです。（このイデアは、翼という名誉ある能力ゆえに、この動物を恥辱であると考える人たちによって、ロバではなく、ペガススの馬と呼ばれています。）そして、そこから、あなたに話した諸々の行いと運を経た後に、他のものではなく人間に戻るようにつねに定められていたのです。

このことは、わたしがレテの川の水を飲み込まないことによってかつて獲得した賢さと節度という特権によるのです。加えて、天の法廷の決定によって、わたしは肉体から去るときには、プルートの王国を通らずにエリジウムの原に戻り、ユピテルの輝かしくも畏れ多い帝国を見ることができたのです。

コリバンテ　翼を持った四足獣の部屋のことですね。

オノリオ　今まで神々の元老院の決定によって、わたしは、わたしの徳の刻印だけを天上に残して、他の獣たちとともに下界で輪廻することがふさわしいとされたのです。そして、下界から、神々の好意によって、わたしはわたしの図書館とともに、見解や詭弁や見掛けや蓋然性や論証の様々な種類の記憶のみならず、真偽を区別する判断も保持して天上へと戻ったのです。そして、異なった体質のもとで様々な学芸を通じて把握したこれらのこと以外にも、わたしは、多くの他の真理を保持しています。これらの真理への道は、感覚の助けなしに、純粋な知的眼差しによって開かれたのです。そして、わたしがこの毛皮という障壁に覆われているにもかかわらず、これらの真理はわたしから逃げ去ることはありません。この障壁の中から、（あたかもきわめて狭い穴のような）感覚の扉を通じてわれわれは存在するものの何らかの形質を通常は眺めることができます。同様に、われわれが牢獄から出るときには、形相の全地平は、当然のことながら、明るく開かれたものになるのです。

セバスト　したがって、あなたは、あなたが世界に提起した諸々の哲学や哲学的仮説を上回る、完璧な知識を得たわけですね。あなたは、大地や冥界や天の屋敷に住まいながら、暗闇や光のもとで、生き、感覚し、（現実にあるいは可能性においいて）理解したのですが、あなたが獲得した上位の判断は、これらの領域を超えたものだったわけです。

オノリオ　その通りです。そして、このような記憶のおかげで、わたしの認識と知識は、鏡に映ったものに勝るのです。それは、魂の本質と実体についての真の認識なのです。

第二対話第三部

セバスト　このことを今は後回しにして、昨日わたしとここにいるサウリーノさんの間で取り上げられた問題に関するあなたの見解をお聞きしたいと思います。サウリーノさんが言及したいくつかの学派の意見では、われわれのもとにはいかなる学問も存在しないとのことでした。

サウリーノ　すでに十分に説明したように、真理の卓越性の下には、無知とロバ性以上に卓越したものは存在しません。というのも、ロバ性という手段を通じて、知恵は真理と結びつき、真理を自らのものにするからです。真理と壁一枚を隔てて隣接した部屋を持つそれ以外の徳は存在しないのです。人間の知性が真理に接近可能であり、この道は学問と認識によるものでないならば、それは必然的に無知とロバ性によらなければならないのです。

コリバンテ　〈この帰結を否定する。〉

サウリーノ　このことから以下のことが明らかに帰結します。合理的な知性においては無知と学問との中間は存在しません。というのも、欠如や状態のように基体を巡って二つの対立物が存在する以上、二つのうちのどちらかでなければならないからです。

コリバンテ　〈推測については、前提条件については、どうなのかね。〉
サウリーノ　それは、あなたが言われたように、多くの哲学者と神学者によって措定されたものです。
コリバンテ　〈人間の権威に基づく〉議論はたいそう弱いものだよ。
サウリーノ　この種の主張は、証明的な言説を欠いていません。
セバスト　それゆえに、もしもこのような見解が真であるならば、それは証明を通じて真なのです。証明は、学問的な三段論法です。したがって、学問と真理の掌握を否定する同じ人たちが、真理の掌握と学問的な言説を措定することになるのです。その結果、彼らは自らの思想と言葉によって反駁されるのです。加えて、真理を知らなければ、彼ら自身、自分たちが言っていることがわからず、自分たちが話しているのかいないているのか、人間であるのかロバであるのか確信を持てないのです。
サウリーノ　このことの解決は、これから言うことからわかるでしょう。というのも、第一に事物を理解する必要があるからです。それがどのようにしてあるかは、次にわかるはずです。
コリバンテ　その通りだ。〈なぜならば、事物の様態は事物を前提にしなければならないから。〉
セバスト　それでは、お望みの順序で説明してください。
サウリーノ　そうするとしましょう。哲学の学派の中に、アカデメイア派と一般的に呼ばれ、正確には懐疑派やピュロス派と呼ばれる学派があります。彼らは、いかなることも決定することを躊躇し、あらゆる明言を追放しました。そして、肯定も否定も控え、自らを質問者、探求者、研究者と呼ばせたのです。

セバスト　なぜこれらの虚しい獣たちは、何かを見つける希望がないのに、質問し、探求し、研究したのでしょうか。彼らは、目的なしに骨折りする人たちなのですね。

コリバンテ　〈全ての活動は目的のためである〉という通俗的な見解を揶揄するというわけだ。しかし、神かけて、わたしは以下のことを信じている。すなわち、オノリオがペガサスのロバの影響下にある、それどころかペガサス自身である以上、これらの哲学者たちはダナエの娘たちであるか、少なくとも彼女らの影響を受けているというわけだ(54)。

サウリーノ　話を終わらせてください。彼らは、自分たちが見たことも、聞いたことも、信用しませんでした。というのも、彼らにとって真理とは、混乱し、理解不能であり、あらゆる変化、相違、対立から生まれた複合物の中に置かれたものだったからです。彼らにとって、あらゆるものは混ぜこぜであり、いかなるものもそれ自体として存立してはいません。いかなるものも固有の本性や働きを持たず、知覚能力に提示される対象物はそれ自体として同一なものとしてではなく、それらが自らの形質を通じて獲得する関係に応じたものなのです。これらの形質は、様々な質料から出発して、我々の感覚に新しい形を作り出すのです。

セバスト　実際、彼らは、大した労力も使わずに、短い時間で、哲学者になり、他人よりも賢くなることができるのです。

サウリーノ　彼らに続いたのがピュロン主義者たちです。彼らは、自らの感覚と知性に信頼を置くことが懐疑主義者たちよりもはるかに少ないのです。というのも、他の人たちが何かを把握し、「いかなるものも理解もされず、定義もされない」という真理に関する情報を得ることで何らかの判断を得たと信じているのに対して、彼らは、この種の判断すら持っていないと考えるのです。そして、いかなることも定義できないということに関してさえ定かでないと考えるのです。

セバスト　このもう一つのアカデメイアの勤勉さをご覧なさい。それは、才能の見本を見つけ、怠惰な手段を使って、他の哲学に蹴りを加え、打ちのめそうとしたのです。それは、より大きな愚鈍さで武装されて、自らの愚かさに少しばかり塩を加えることによって、これらすべての哲学に打撃を与え、総じてすべての哲学を知恵で凌駕し、自らの脳みそを少ししか絞らずに、礼服を着て博士となろうとするのです。それではさらに考えてみましょう。新しい教団を設立し、万人の中でもっとも賢いと思われ、万人を凌駕する人たちにさえ賢さで勝るという野心を持つなら、わたしは何をしなければならないでしょうか。わたしはここに第三の幕屋を建て、より博識なアカデメイアを作り、ベルトを締めることでしょう。しかし、息を吐くことができずに死んでしまうほどに、懐疑主義者たちと一緒に声を抑制し、ピュロン主義者たちと一緒に息を潜めるべきでしょうか。

サウリーノ　どういう意味ですか。

セバスト　これらの怠け者たちは、事物を説明する苦労を避けて、自らの無為と他人の精励に対する嫉妬とを非難しないですまそうとしています。彼らは、より良く見えようと欲しており、自らの劣悪さを隠すだけでは満足していません。彼らは、他人の先を行くことも、他人と歩みを同じくすることもできず、自分で何かをすることができません。彼らは、自らの才能の無能と感覚の粗野さと知性の欠如を告白することによって自らの虚しい思いあがりを危険に晒すことを望みません。そして、彼らは、他人が自らの盲目について判断できなくなるようにと、自然や表象されない事物にとがを負わせるのです。ですから、彼らの非難は、独断論者たちの劣悪な理解に主として向けられているわけではないのです。というのも、もしもそうならば、彼らは、白らの優れた理解を比較のために提示せざるをえなかったでしょうから。そして、この優れた理解は、自然の事象の観想に喜びを見出す魂の中により良い概念を成立させることによって、より良い信念を生み出したはずなのです。それゆえに彼らは、より少ない苦労と知性によって、自分への信頼を失う危険を冒さずに、他人よりも賢明であるように見えることを望んだのです。そして、彼らの中の懐疑主義者たちは、「何も知ることができないゆえに、何も決定できない。それゆえに、肯定的に理解したり発話したりできると主張する者たちは、理解せず発話しない者たちよりも頭が混乱している」と言ったのです。さらに、ピュロン主義者と呼ばれる二番目のグループは、知の大御所と思われようとして、「このこと（懐疑主義者たちが理解すると信じていること）すら理解できない。いかなることも、決定されたり認識されたりできない」と言ったのです。その結果、懐疑主義者たちが、「自分では理解していると思っている他人が、じつは理解していない」と考えたのに対して、ピュロン主義者たちは、「他人が自分で理解していると思っていることを、本当に理解しているのか否かについて、懐疑主義者たちは理解していない」ことを理解したのです。したがって、彼らの知恵を上回るために残されていることは、ピュロン主義者たちは知を有せず、懐疑主義者たちも知を有せず、知っていると思っていた独断論者たちも知を有さなかったということを、われわれが知っているということだけなのです。このようにして、この哲学の高貴な階梯はたやすく増大し、結果として以下の結論が論証されるのです。すなわち、最高の哲学と最良の観想の最後の段階は、知っているか知らないかについてたんに肯定したり否定したりしない人たちに属するのではなく、この肯定や否定すらできない人たちに属するのであり、その結果、ロバはもっとも神的な動物であり、その妹であるロバ性は真理の友にして秘書であるのです。

サウリーノ　あなたが罵りと怒りとともに言ったことを、良識に則って肯定的に言ったならば、あなたの論述は卓越した神的なものであったことでしょう。あなたは、独断論者たちとアカデメイア学派が同意した点に、彼らを追い越して、到達したのですから。

セバスト　ここまで議論が進んだのですから、アカデメイア学派が先述した理解の可能性をいかなる議論で否定したのかについて教えてください。

サウリーノ　この点に関しては、オノリオさんに話してもらうとしましょう。と言うのも、自然の内奥を解剖する多くの人たちのヒュポスタシスであった以上、彼がアカデメイア学派の一員であったことは疑いないからです。

オノリオ　実のところ、わたしは、すべてのものにおいて、そしてすべてのものについて、見解しか存在しないと言った、あのコロフォンのクセノファネスだったのです(55)。しかし、わたし自身の考えはさておき、この問題に関するピュロン学派の理屈は言い古されたものです。彼らの主張では、真理を学ぶためには教説が存在する必要があり、教説を有効にするためには教える人と教えられる人と教えられるもの、すなわち教師と弟子と技芸、が必要なのですが、これらは実際には見出されず、したがって教説も真理の把握も存在しないのです。

セバスト　第一に、教説や学問の対象になる事物は存在しないと彼らが言う根拠はなんでしょうか。

オノリオ　それは以下のものです。そのような事物は、（彼らの主張によると）真であるか偽であるかのどちらかです。もしもそれが偽ならば、それは教えられません。なぜならば、偽であるものについては教説も学問も存在し得ないからです。というのも、存在しないものには、いかなることも生じることができず、したがって、教えられることも生じることができないからです。

〔さらに次の二つのことが想定され得ます。第一に、〕もしもそれが真であるとするならば、それは教えられることができません。なぜならば、もしもそれが万人に平等に現れるものならば、それについての教説は存在できず、結果としてそれについての学者も存在できないでしょう。それはちょうど、白が白であることや、馬が馬であることや、木が木であることについて学者が存在することができないのと同様です。他方、もしもそれが異なった人には異なったしかたで現れるものであるとするならば、それはそれ自身においては見解の対象にしかなり得ず、それについては見解しか形成することができないのです。加えて、教えられ知らされるべきことが真であるならば、それは何らかの原因ないし媒体を通じて教えられる必要があります。そして、この原因ないし媒体は、隠されているか知られている必要があります。もしもそれが隠されているならば、別のことを知ることはできません。もしもそれが知られているならば、それは原因ないし媒体を通じてでなければなりません。そして、このようにさらに進んでいけば、あらゆる学問が原因によるものである以上、学問の始原（原理）

に到着できないことに気づくことになるでしょう。加えて、彼らの主張によれば、存在するものの一部は物体であり、その他は非物体であるので、教えられるものの一部は一つの類に、その他は別の類に属する必要があります。しかるに、物体は教えられることができません。なぜならば、それは感覚の判断のもとにも、知性の判断のもとにもないからです。それは明らかに感覚の判断のもとにありません。というのも、すべての学派の教説によれば、物体は複数の次元、理由、差異と状況から成り立っており、個別のないし一般的な感覚の対象物となるような特定の偶有性ではなく、無数の特質を持つ個の複合体にして集合なのです。さらに、一歩譲って、物体が感覚可能なものであるとするとしても、そのために、それが学問の対象になるわけではありません。というのも、白が白であり、熱が熱であることを解らせるために、師も弟子も必要ないからです。また物体は知性の判断のもとにあることもできません。というのも、すべての独断論者やアカデメイア学派によって認められているように、知性の対象は非物体的なもの以外の何物でもないからです。このことから、教師も弟子も存在できないことが推量されます。なぜならば、弟子が学ぶべきことも把握するべきことも存在せず、教師が教えるべきことも記憶に刻印するべきことも存在しないからです。彼らは別の理屈も追加しています。すなわち、教育がなされるとしたら、以下の選択肢があります。一つは、技芸を持たない者が技芸を持たない別の人を教えるということです。しかし、このことは不可能です。というのも、どちらも教えられる必要がないからです。別の選択肢は、技芸を持つ人がもう一人の技芸を持つ人を教えるということです。しかし、このことは冗談めいています。なぜならば、どちらも教師としての役割を持たないからです。あるいは、無知な人が知っている人を教えることも考えられますが、このことはまるで目の見えない人が目の見える人を導こうとするのと同じことになるでしょう。これらのどれもが不可能であるならば、知っている人が知らない人を教えるという選択肢が残ります。しかしこのことは、他の三つの選択肢で想定された以上に想像できないことなのです。なぜならば、技芸を持たない者は、技芸を持たない時には、技芸を持つ人になることができないからです。（ちなみに、この人は、声や色の考えをけっして持つことができない、生まれながらの耳が聞こえない人や目が見えない人に似ています。ここで『メノン』における逃亡奴隷の例に言及する必要はないでしょう。この奴隷は、あらかじめ知られていない限りは、対面してもその人だと認識されることはないのです。これと同等で同一の理由から、記憶以外の、認識可能なことについての新しい学問の存在を彼らは否定するのです。）また、技芸を持っている人は技芸を持つ人になることはできません。なぜならば、その場合には、技芸を持つ人になる、ないしなることができるとは言えず、技芸を持つ人である、と言うことができるからです。

セバスト　オノリオさん、これらの理屈に関して何と仰りますか。

オノリオ　わたしの考えは、時間をかけてこれらの言説を吟味する必要はないということです。特定の薬草が特定の味覚にとって良いものであるように、それらが良いものであると言うだけで十分なのです。

セバスト　しかしながら、サウリーノさんは、科学や思弁や教説やその他の学問以上にロバ性を賛美なさっているので、ロバ性がロバ以外のものにおいても存在できるのかを彼からお聞きしたいと思っています。果たしてロバでなかった人が教説や学問を通じてロバになることができるでしょうか。実際、ロバであるのは、教える人か教えられる人のどちらかであるか、あるいは両方であるか、あるいはどちらでもないかの、どれかでなければなりません。つまり、教える人だけがロバになるのか、教えられる人だけがロバになるのか、どちらもロバにならないのか、両者が一緒にロバになるのかの、どれかでなければならないのです。実際、ここでは同じ規則に従って、人はけっしてロバになることができないことがわかるのです。したがって、ロバ性に関しては、学芸や学問と同様にいかなる把握も存在し得ないのです。

オノリオ　この点に関しては、夕食の後に座って話すことにしましょう。今は時間ですので出かけることにしましょう。

コリバンテ　〈急ぎ行かん。〉

サウリーノ　行きましょう。

第三対話

登場人物　サウリーノ、アルヴァロ

サウリーノ　行ったり来たりしてずいぶん待ち、われわれの対話を始める時間はとっくに過ぎている。しかし、彼らは来ていない。あっ、セバストの従者が来たようだ。

アルヴァロ　サウリーノさん、こんにちは。主人からの伝言をお伝えします。主人は、少なくとも一週間は再会することができないとのことです。主人は妻を亡くし、遺言の遂行の準備をしており、他に考えが回りません。コリバンテは痛風に悩まされ、オノリオは風呂に行きました。さようなら。

サウリーノ　さようなら。この馬と呼ばれているもののカバラについてその他多くの話をする機会は失われてしまったようだ。実際、わたしが知る限り、この神的な馬が臍（そこで終わる星がアンドロメダの頭に属するか輝かし

い獣の胴体に属するかに関しては論争があるのだが）においてしか天の領域に姿を現さないように、この記述される馬も完成に至らない、ということを宇宙の摂理が求めているのだ。

運命はこのように流儀を変える(56)。

しかし、だからといって失望することはない。もしも彼らが戻ってきて、再度合流するならば、三人を全員会議場に閉じ込め、天馬の偉大なるカバラの創造を完了するまで外に出さないだろう。それまでは、これら二つの対話が小さな、初心者の、入門的な、小宇宙的なカバラとみなされればよいのだ。そして、この中庭を散策するのに残されている今の時間を無駄に過ごさないために、手にしているこの対話を読むとしよう。

キュレーネーのロバ

キュレーネーのロバへ

おー、神的な獣よ、この地と星々の間に住む
お前を地上に生み出し、乳を与えた
あの腹と乳房は祝福されている。

お前の背を棒と鞍が二度と圧迫することがないように。
そして、恩知らずな世界と貪欲な天に対して、
お前を運と自然が

幸福な才能と良き毛皮で守るように。

お前の頭は良き天性を、
鼻は確かな判断を、
長い耳は王の聴覚を、

分厚い唇は立派な味覚を示し、
あの恥部は神々さえも嫉妬させる。
お前の首の堅固さをわたしは讃える。

お前を讃えることだけが、わたしの喜びだ。
しかし、残念ながら、お前の状態が求めるのは
ソネットではなく、千の演説なのだ。

登場人物　ロバ、ピュタゴラス派のミッコ(57)、メルクリウス

ロバ　雷鳴を司るユピテルよ、なぜわたしはあなたの高貴で珍しい、一風変わった才を悪用しなければならないのでしょうか。なぜわたしは、あなたが特別の眼差しとともに〈運命の導きによって〉わたしに差し出したこれほどの才能を、恩知らずの沈黙の黒く薄暗い土の下に埋めたままにしなければならないのでしょうか。この混乱した世紀の中であなたが寛大にもわたしの精神の内部に〈それが外へと生み出されるようにと〉植え付けた卓越したいななきを発するのを我慢し続けなければならないのでしょうか。それゆえに、機会を見つけてロバの口を開くのだ。主題への熱意によって舌を解放するのだ。意図の腕に導かれて、注意の手で、ロバの記憶の園にある木の実と草花を集めるのだ。

ミッコ　見慣れない兆候よ、素晴らしい天才よ、信じられない不思議よ、奇跡的な成功よ。神々は不幸を追い払うがよい。話すロバ？ロバが話す？ムーサたちよ、アポロンよ、ヘラクレスよ、このような頭から、はっきりと区分けられた声が出るのか。ミッコよ、黙るのだ。もしかすると、お前は騙されているのだ。もしかすると、この毛皮の下には、人間が仮面を被っているのだ。われわれを馬鹿にしようとして。

ロバ　ミッコよ、わたしは詐術を弄しているのではなく、自然極まりないロバとして話しているのです。そして、今は獣の姿でいるように、過去には人間でもあったのです。

ミッコ　肉体を身につけたダイモンよ、あなたが誰であり、どのようなものであるかは、後で聞くとします。今は、最初に、あなたがここで何を求めているかを知りたいものです。あなたはどのような予兆を持ってきたのでしょう。神々からのどのような命令を運んできたのでしょう。このシーンはどこに繋がるのでしょう。この我々の回廊の中に足を踏み入れ決然と言葉を話すのは、何のためでしょう。

ロバ　第一に、わたしは、なんらかの学寮か学園のメンバーにして博士であると宣言されることを望んでいます。わたしの資格が認められた暁には、わたしの概念は理解され、わたしの言葉は吟味され、わたしの学説は少なからず信頼され……

ミッコ　ユピテルよ、これに似た出来事、事件、ケースが〈太古から〉記録されていることがあったでしょうか。

ロバ　今は驚くのはやめてください。あなたや驚愕してわたしの話を聞きに集まる他の人たちの誰かに、すぐに答えてほしいものです。ガウンや指輪や帽子を被った教師たち、大教師たち、知の英雄にして半神たちよ、あなたたちは、あなたたちの団体、集まりの中に、あなたたちの交流の旗印のもとに、あなたが目にし、話を聞いているこのロバを受け入れることを心から望んでいるのでしょうか。なぜ、あなたたちの一部は笑いながら驚き、一部は驚きながら笑い、大部分は唇を噛み、誰も答えないのですか。

ミッコ　ご覧のように、彼らは呆然として話さないのです。そしてみながわたしの方を向き、答えるようにと促しているのです。わたしは会長としてあなたに決定を伝え、速やかに実行しなければなりません。

ロバ　扉の上に〈線を超えるなかれ〉と書かれている、この学園は何ですか。

ミッコ　ピュタゴラス派の学校です。
ロバ　入ることができますか。
ミッコ　困難な多くの資格なしには学者は入ることができません。
ロバ　資格とは、どのようなものですか。
ミッコ　たくさんあります。
ロバ　わたしが尋ねたのは、数ではなく、質です。
ミッコ　主要な点を報告することで、もっとうまく答えましょう。第一に、誰か入会を求める人が出たときには、その人は、受け入れられる前に、肉体の状態、人相と才能の調和がとれていなければなりません。われわれは、魂から、魂とともに、肉体を知るからです。
ロバ　〈ムーサよ、ユピテルから始めよ〉(58)。もしも一緒になりたいならば。
ミッコ　第二に、受け入れられた後には、彼は二年間を下回らない期間、沈黙を守り、わからないことがあっても、いかなることも質問してはなりません。命題を論じ、吟味することもできません。この期間、彼は「聴者」と呼ばれています。第三に、この期間が過ぎると、彼は話し、質問し、聞いたことを書き、自らの意見を述べることが許されます。この期間、彼は「数学者」ないし「カルデア人」と呼ばれます。第四に、同様の事柄について知らされ、これらの学問によって飾られて、彼は、世界の働きと自然の原理の考察へと向かいます。そして、そこで足を止め、「自然学者」と名乗るのです。

ロバ　それより先には進まないのですか。

ミッコ　自然学者以上の者にはなることができないのです。というのも、超自然的な事柄については、それらが自然の事物の中に反映する場合を除いて、論じることはできないからです。ですから、これらをそれ自体において考察するのは、浄化された高位の知性にしかできないのです。

ロバ　あなたたちのもとには形而上学はないのですか。

ミッコ　ありません。他の人たちが形而上学と自慢するのは、論理学の一部でしかないのです。しかし、このことは本題を逸れるので、論じることをやめましょう。要するに、以上がわれわれの学園の条件にして規則なのです。

ロバ　これらがですか。

ミッコ　そうです。

ロバ　名誉ある学校よ、卓越した学問よ、有名な宗派よ、敬うべき学寮よ、高明なギムナジウムよ、無敵の競技場よ、主要なものの中でももっとも主要な学園よ。喉の渇いた鹿が清麗な水の前に立つように、放浪するロバがあなたがたの前におります。異邦人に親切な受け入れ先であるあなたたちの前に、謙遜し懇願するロバがおります。あなたたちの協会に加盟することを望んで。

ミッコ　われわれの協会にですか。

ロバ　はい、あなたたちの協会にです。

ミッコ　あそこにある別の扉を通ってください。この扉をロバが通ることは禁じられているのです。

ロバ　兄弟よ、あなたはどの扉から入ったのですか。

ミッコ　ロバが話すことを天が成し遂げたとしても、だからといってピュタゴラス派の学校に入れるわけではないのです。

ロバ　ミッコよ、思い上がるのはやめてください。自然の懐の中にあるものを軽蔑してはならないというあなたのピュタゴラスの教えを思い出してください。わたしは現在はロバの形をしているとはいえ、過去に偉人の形を取ったことがありえ、未来にもそうなりうるのです。そしてあなたも今は人間であるとはいえ、過去に大きなロバであったことがありえ、また未来にもそうなりうるのです。すべては、衣服と場所を配り、魂の輪廻を司る者の配慮によるのです。

ミッコ　兄弟よ、学園の原理と条件を理解したのですか。

ロバ　たいそうよく理解しました。

ミッコ　なんらかの欠点ゆえに入会を断られるかもしれないと、自身について考えたことはありますか。

ロバ　わたしの判断では、十分に。

ミッコ　それならば、このことをわからせてください。

ロバ　わたしの主たる状態が最初の懸念でした。確かにわたしには肉の柔らかさや繊細で綺麗で上品な皮といった素質がありません。これらの素質は、人相学者たちが教えを受けるのに最適であるとみなしているものです。皮の硬さは、知性の敏捷さを受け付けないからです。しかしながら、学園の長はこの種の状態を大目に見るべきだと思います。というのも、振る舞いの誠実さや才能の活発さや知性の力や、その他のこれらに関連した多くの特殊な状態によって補われるときには、上述した欠点だけで申請者を除外するべきではないからです。このことに加えて、魂が肉体の状態に追随するということを、普遍的な事実と考えるべきではありません。なぜならば、効力を持った精神的な原理が自らに加えられた粗野さやその他の侮辱を克服し乗り越えることがありうるからです。この点に関して、ソクラテスの事例を引き合いに出しましょう。ソクラテスは、人相学者ゾピロスによって、中庸を欠き、愚鈍で、軟弱で、少年愛者で、移り気な男と判断されました。彼はそれをすべて認めましたが、このような性向が現実のものになったわけではありません。彼は、哲学の不断の学習によって練磨されたので、生得の不徳の荒波に対する堅強な舵を手にすることができたのです。実際、努力によって克服できないものは何一つないのです。

気質の集まりではなく、四肢の調和に存する、人相学のもう一つの主要部分に関しては、よく判断されれば、わたしの中にいかなる欠点を見つけることができないと、あなたたちにお伝えします。ご存知のように、豚は美しい馬であってはならず、ロバは美しい人間であってはなりません。ロバは美しいロバで、豚は美しい豚で、人間は美しい人間でなければならないのです。その結果、この考えを推し進めると、もしも馬が豚にとって美しく見えないならば、豚も馬にとって美しく見えず、もしもロバが人間にとって美しく見えないならば、人間もロバに恋することはありません。同様に、人間はロバにとって美しくなく、ロバは人間に恋をすることはありません。それゆえに、この法則に関して事象を吟味し理性で測るならば、美というものは異なった比例に応じて異なったものであり、いかなるものも――それが美そのもので、分有ではなく本質によって美しくない限り――真にそして絶対的に美であるわけではないということを、人は、自らの感情にしたがって互いに認め合わなければならないのです。実際、人間という同じ種の中でも、肉は、〈習慣に従って〉それを受け入れる二十五の状況と注解に応じて理解されなければなりません。そうしなければ、柔らかい肉に関する例の人相学的規則は間違ったものになるからです。実際、子どもが大人よりも学問に向いているわけでも、女性が男性よりも器用なわけでもありません。もっとも、行為からもっとも遠ざかった可能性をより大きな適性と呼ぶならば、話は別ですが。

ミッコ　いまのところ、このロバが示した知識はなかなかのものだ。ロバの旦那よ、この調子を続けて、あなたの言い分をお好きなだけ強固なものにしてください。というのも、もしもこの宗派や他の宗派に属する学園の紳士たちから入会を受け入れられることをあなたが望んでも、

波の中で耕し、砂の中に種を植え、
さまよう風を網で拾い集め、
女心の中に希望を抱く(59)

ことになるからです。もしもあなたに学識があるならば、ひとりであなたの学説にとどまることで満足してく

ださい。

ロバ あー、愚かな者たちよ、あなたたちの賛同を得ようとして、わたしが自分の理論をあなたたちに言っているると思っているのですか。わたしがこのことをしたのは、あなたたちを非難し、ユピテルの前で言い訳できなくするためなのです。ユピテルは、わたしに学識を与えることで、わたしを博士にしたのです。「ロバが他の人間たちと一緒に学園に入るのはふさわしくない」という判決があなたたちの思い上がった判断から下されることは予期していました。他の宗派の学者にこの発言が許されるとしても、あなたたちピュタゴラス派がこのように言うのは理にかなっていません。わたしの入会を禁じることで、あなたたちは、あなたたちの哲学の基幹である原理を破壊することになるからです。実際、事象を表層や顔や見かけから判断しなければ、われわれロバとあなたたち人間との間にいかなる相違を見出すことができるでしょうか。このことに加えて、愚かな審判たちよ、言ってください。あなたたちの何人がロバの学園にいるのでしょうか。何人がロバの学園で学ぶのでしょうか。何人がロバの学園で利益を得るのでしょうか。何人がロバの学園で学位を取得し、老衰し、死ぬのでしょうか。何人がロバの学園で優先され、称揚され、賛美され、聖人とみなされ、栄誉を与えられ、神とみなされるのでしょうか。もしも彼らがロバであったことも、ロバであることもなければ、彼らがどうなっていたか、わたしにはわかりません。実際、一時的な命という善だけでなく、永遠の命という善さえも獲得するために「ロバになること」を学ぶことができる、多くの栄誉ある学問が存在しているのです。様々な能力と栄誉がロバ性の扉を通過するのです。ロバの完成された能力を分かち持つことができないために、多くの人たちが妨害を受け、閉め出され、拒絶され、辱めを受けたのです。だとすれば、なぜロバの誰かが、少なくとも一匹が、人間の学園に入ることが許されないのでしょうか。なぜわたしは、いかなる学園においても大多数の賛成を得て受け入れられないのでしょうか。全員ではないとしても大多数がわれわれの普遍的な学園に登録されているというのに。われわれロバがこれほど寛大に全員を受け入れているのに、なぜあなたたちは、われわれの少なくとも一匹を受け入れるのに、これほど反対するのでしょうか。

ミッコ　より価値があり重要な事柄については、より大きな困難があるのです。重要でない事柄は、さして注目されることがありません。ですから、ロバの学園では、すべてが反感や良心の咎めなしに受け入れられるのです。しかし、人間の学園ではそうはいきません。

ロバ　しかし、もう少し分かるように話してください。人間がロバになることとロバが人間になることのどちらにより価値があるのでしょうか。しかし、本当に、ここにキュレーネー生まれのわが友がいます(60)。杖と翼で、それが分かるのです。優雅な翼をもった者よ、ユピテルの使者よ、すべての神々の意志の忠実な解釈者よ、諸学問の寛大な贈り主よ、諸学芸の導き手よ、数学者たちに対する不断の神託よ、賞賛すべき帳簿係よ、優美な話者よ、美しい顔と華麗な容姿と雄弁な外見を持つ者よ、上品な人物、男の中の男、女の中の女、みじめな者たちの中ではみじめで、至福な者たちの中では至福で、すべてのものの中ですべてである者よ。あなたは、喜ぶ人とともに喜び、嘆く人とともに嘆くのです。それゆえに、あなたは、いたるところに行き、いたるところに留まり、評判がよく、温かく受け入れられるのです。

メルクリウス　ロバよ、あなたは自分のことを学者と呼び、学者であると自認しています。それゆえ、あなたに他の贈り物を好意をもって与えたこのわたしは、今、あなたがすべての学科における権威ある学者であることを、十全たる権威をもって命じ、定め、確証しましょう。したがって、あなたはいたるところに入り、いたるところに留まることができ、〈誰の反対もなく〉、誰一人としてあなたを戸口から追い払い、いかなるしかたにおいてもあなたを侮辱したり、妨害したりできないでしょう。それゆえに、気に入ったところに入りなさい。ピュタゴラス派の規則にある二年間の沈黙という条項やその他のいかなる法によってもあなたが拘束されることをわれわれは望んでいません。なぜならば〈新たな事由が生じた場合、新たな法が作られるべきであり、その前に作られた法は理解されなくなる。その間は、必要かつ最適なものに関する先見の明を備えた、最良の審判の判断に、判決は委ねられるべきである。〉ですから、秘儀に与る人たちの間で話しなさい。数学者たちの間で熟慮しなさい。自然哲学者たちの間で論じ、問い、教え、肯定し、決定しなさい。すべての人と交わり、すべての人と話しなさい。すべての人と兄弟になり、一つになり、自分を同一化しなさい。すべての人に君臨し、すべてでありなさい。

ロバ　わかりましたか。

ミッコ　耳が不自由なわけではありません。

完

訳注

(1)ドン・サパティーノは、ブルーノの知人の無名の聖職者。カサマルチアーノは虚構の場所らしい。聖クインティーノは、ガリアにて斬首された三世紀の殉教者。他のイタリア語著作はイギリスやフランスの貴人に献呈されているのに対して、本書はブルーノの故郷の、パッとしない人物に捧げられている。

(2)ドン・サパティーノを形容するブルーノの文章は、『原因・原理・一者について』における(クザーヌスの影響を受けた)ブルーノの形而上学を連想させる。とはいえ、そこに形而上学的な意味を求める必要はない。

(3)『ノアの箱舟』を除いて、これらの作品は残存している。

(4)『黄金のロバ』は古代ローマのアプレイウスの有名な著作だが、マキアヴェッリも同名の詩を書いている。『ロバへの賛辞』はコルネリウス・アグリッパの作品だが、この種の機知に富んだ文章(練習演説)は、ルネサンスには他にもあった。

(5)『出エジプト記』第一三章一三。

(6)『出エジプト記』第二〇章一七。

(7)『士師記』第五章一〇。

(8)『申命記』第二二章。

(9)『ルカによる福音書』第一四章五。

(10)『申命記』第二八章三一。
(11)オリゲネス『民数記講話』による。
(12『マタイによる福音書』第二一章一―二。
(13)『民数記』第二三章二八。
(14)『エレミヤ書』第一章六。
(15)『エザキエル書』第三章二七。
(16)『出エジプト記』第四章一二。
(17)『詩篇』第五一章一五。
(18)『ルカによる福音書』第七章二二。
(19)『士師記』第一五章一六。
(20)『士師記』第一五章一七。
(21)『マタイによる福音書』第二一章二。
(22)『コリント人の信徒への手紙二』第六章一五。
(23)『エレミヤ書』第一章六。
(24)ブルーノは『サムエル記上』(第一三章一三、第二六章二一)『サムエル記下』(第二四章一〇)『ルカによる福音書』(第一二三章二四)『イザヤ書』(第四四章一八)などの箇所を念頭に置いている。
(25)『使徒行伝』第二章一三。
(26)『ルカによる福音書』第一八章三四。

(27)『コリント人の信徒への手紙二』第一二章二―四。
(28)『マタイによる福音書』第二一章一―三。
(29)これら三人の登場人物の中で、ブルーノを代弁するサウリーノだけが Andrea Savolino として同定されている。Savolino は、ブルーノの母方の姓である。他の二人は架空の人物で、コリバンテは衒学者であり、セバストは質問をする係である。
(30)ここから『傲れる野獣の追放』への言及が始まる。
(31)『傲れる野獣の追放』(邦訳、一七頁)には、「〈大熊〉の部屋は、この場では言えない理由ゆえに、空位の状態に留まります。」とあるが、そこでは抽象的なロバ性がそれを引き継ぐとは書かれていない。
(32)『傲れる野獣の追放』(邦訳、二六六頁)三章。ただしこの箇所では、具体的なロバ性への言及はない。
(33)ホラティウス『詩論』(一三九)にある「山々は産みの苦しみを味わい、笑止千万な鼠一匹が生まれるだろう」の前半部の引用。
(34)『創世記』四一四―四一五。
(35)ヴェルギリウス『アエネイス』第六巻一二九―一三〇。
(36)『コリント人の信徒への手紙一』第一章一八以下。
(37)『詩篇』第一八篇四五。
(38)『ルカによる福音書第一四章一一。
(39)『詩篇』第一四七篇一〇。
(40)この名は、「悪いロバ」を意味する。
(41)『アエネーイス』六、四四九―四五一。泉井久之助訳(筑摩書房『世界古典全集』第二の二一巻、一九六五年)に。若干の変更を加えた。
(42)オウィディウス『変身物語』第五巻二五四参照。
(43)『変身物語』第一五巻、一六七―一六八、中村善也訳(岩波文庫、一九八一年)。
(44)『創世記』第三章一。
(45)『詩篇』第三六章六。
(46)『ダニエル書』第四章三〇。
(47)『エネアデス』四、八三章。
(48)ニコマコスはアリストテレスの父。以下、アリストテレスに生まれ変わったオノリオの告白が続く。
(49)この言葉は、アラビアのアリストテレス学者アヴェロイスに遡る。
(50)アリストテレス『魂について』全三巻のこと。
(51)アリストテレスのものとされていた偽書。
(52)これらの名前はすべて、ブルーノがかつて学んだナポリの聖ドメニコ修道院の修道僧のものである。
(53)イタリア語のスプーンに由来する言葉で、大食漢を含意している。
(54)ギリシャ神話では、ダナエの五十人の娘たちは、夫殺しの罰として、冥界で穴の空いた容器で水を組み続けることになった。
(55)この解釈は、セクストゥス・エンペイリコスの『数学者に対して』による。なお、この著作は、これから続くピュロン学派の考察の元になっている。
(56)ペトラルカ『死の凱旋』一、一三五。

（57）イタリア語で「愚か者」を意味する。
（58）ウェルギリウス『牧歌』三、六〇。
（59）ナポリ出身の詩人 Jacopo Sannazaro（1458-1530）の代表作 *Arcadia*（*Egloga* VIII, 10-12）からの引用。
（60）メルクリウス（ギリシャ名はヘルメス）は、アルカディアのキュレーネー山で生まれた。ブルーノはこの神をロバの守り神として捉えている。

解　説

奇書中の奇書

『天馬のカバラ』は、一五八五年にロンドンにて刊行された。（刊行場所はパリと記載されている。）本書は、前年に刊行された『傲れる野獣の追放』の付録として位置付けられ、イタリア語著作集の中で特異な位置を占めている。まず、規模において、本書は他のイタリア語著作と比べてきわめて小さい。また内容においても、本書のテーマは他の著作の壮大なテーマに比べて、一見すると見劣りがする。コペルニクスの天文学をクザーヌス的な無限論の視点から改変した『聖灰日の晩餐』、その前提となる形而上学を論じ、汎神論的とも言える世界観を提示した『原因・原理・一者について』、無限の宇宙とその中にある諸世界を論じた『無限・宇宙・諸世界について』、新しい世界観に対応する倫理学の構築を、天の改革というイメージを使って描いた『傲れる野獣の追放』、プラトン的な愛の哲学とペトラルカ的な抒情詩の伝統を新しい世界観のもとで融合した『英雄的狂気』。これらは、哲学史の中で重要な諸テーマを、汎神論的な無限宇宙論という火を通して鍛え直した壮麗なる作品群である。

これらブルーノ哲学のパンテオンとも言える作品群と比べて、本書はみすぼらしく、滑稽に見える。逞しいサラブレッドたちの中にいる一匹のロバのように。ブルーノ自身、このことを十分に自覚していた。「献呈の書簡」においてブルーノは、次のように言っている。

陶工は、(闇が迫ってきたためではなく、材料が尽きたために)仕事を続行できずに、陶器を作るには十分ではない、ガラスや木材やワックスやその他のものの小片を手に持っているとき、それを投げ捨てることを望まず、何かの役に立てようとして、その使い道を考えます。思案の末に、彼は、その小片が、第三の取っ手や、縁や、長ビンのふたや、支えや、石膏として、あるいは穴や割れ目やひびを補強し満たし覆う栓として、使えることを示すのです。似たようなことが私にも生じました。私は、すべての考えを語り尽くしたわけではなく、一連の著作を書いただけなのです。そして、もはや書くことができなくなった時に、意図的というよりも偶然に、一束の紙片に目をとめたのです。私は、これらの紙片を別のときには軽蔑し、他の著作の表紙として使っていましたが、それがこれからあなたたちに提示するものの一部を含んでいるということにようやく気づいたのです。

この言葉を文字通りに取れば、本書は余り物の寄せ集めでしかない。実際、本書は、短いだけでなく、議論の中断も含み、形式的には未完である。ブルーノのバロック的な文体には古典主義的な広がりと均衡とは無縁の型破りの魅力があるが、本書ほど型破りな著作はない。「作品」と呼ぶのも烏滸がましい、中途半端さがあるように見える。このことに鑑みれば、ブルーノが後に自らの作品リストから本書を除外したことも、わからないではない。一五九一年に刊行されたラテン語著作『像の形成について』の中で、ブルーノは言っている。「この著作は、悪しき提案のせいで、賢者に気に入ることなく、愚者に不評であったので、削除された。」

しかし、見方を変えれば、以上の「欠陥」は本書に独自の魅力を与えている。われわれの現代的感性は、北斎やルーベンスの書きかけの素描に彼らの大作に劣らない魅力を感じることができる。同様のことは、本書に関しても言えるのではあるまいか。ましてや相手は、ブルーノである。彼ほど、人文主義的な古典主義やアリストテレス的な整理術を軽蔑し、ナポリの下町の猥雑さを愛した作家は少ない。さらに、彼の思想は、哲学と喜劇と天文学の境界を乗り越えている。とにかく、型破りな人間なのだ。だとすると、この型破りな人間が書いた中でももっとも型破りな奇書である本書には、ブルーノを理解する重要な鍵が含まれているかもしれない。見かけに騙されてはならないのである。

題名の由来

本書の統一的テーマは、ロバである。『天馬のカバラ』という題名も、ロバと結びついている。

天馬とは、ギリシャ神話のペガサスのことで、ヘシオドス（『神統記』二八〇―二八五）によれば、ペルセウスによって切断された怪獣メドゥーサの頭から飛び出し、天にいる神々の元へと直ちに飛び去ったと言われている。また、オウィディウスは、『変身物語』第五巻（二六二）にて、ムーサたちが住まうヘリコン山でペガサスの蹄がヒッポクレーネの泉を湧き出させた、と書いている。また、同じ詩人の『祭暦』（三、四五七―四五八）では、ペガサスが十五の星を持つ星座になったと記されている。このように、ギリシャ神話において天馬は、英雄伝説や芸術と結びつく、高貴な役割を担っている。しかし、本書においては、天馬は、オノリオといういたずら好きなロバの生まれ変わりとして描かれている。天馬は実はロバだったという、価値の転倒がここに見られる。

他方、カバラとは、中世ヨーロッパにおいて「発見」された古代ユダヤの知恵（実は後世のもの）であり、ピコ・デッラ・ミランドラやロイヒリンを通じてユダヤ教の枠を超えた太古の知恵として、ヘルメス主義や新ピュタゴラス主義と同列に扱われるようになった。もっとも、本書におけるカバラというタイトルは、いわばキャッチコピーのようなものであり、カバラの思想が本書の中核を成しているわけではない。むしろ、本書と関連が深いのは、魂の輪廻転生説に見られるように、新ピュタゴラス主義である。それではなぜ、ブルーノはカバラというタイトルを選んだのだろうか。このことは、ブルーノ研究者たちの頭を悩ませてきたが、そのもっとも単純な理由としては、本書においてロバに関する聖書の言及が頻繁に引用され、これらの箇所に関するユダヤ教の解釈がしばしば言及されているということが挙げられるだろう。とりわけ第一対話においては、「卓越したカバラ主義者たち」および「タルムードを信奉する人たち」の説が長々と紹介され、彼らがロバを「知恵の象徴」とみなしたことが指摘されている。

ルネサンスのロバ文学

ロバのテーマは、ブルーノ以前にも、ルネサンスの思想家たちを魅了していた。このような関心を触発したのは、このテーマがユダヤ教のカバラだけではなく、古代ギリシャ・ローマの文芸を愛好する人文主義的伝統の中でも確立されていたからである。その際に重要な触媒となったのが、アプレイウスの『黄金のロバ』である。北アフリカ出身の新プラトン主義者が残したこの奇書は、古代の小説の代表作のひとつである。主人公ルキウスは、プルタルコスの子孫であることを誇る、学識ある青年である。しかし、彼は自らの教養に満足せず、享楽を追い求め、魔術に異様な関心を持つ。その結果、彼は間違えてロバになってしまい、社会の腐敗した現実を身をもって学ぶことになるが、最終的にはイシス神によって救済される。この小説は、ルネサンスにおいてボッカッチョによって再発見され、一大ブームとなったが、われわれにとって重要なのは、そこではロバが単なる否定的な役割を越えて、主人公の人間形成に不可欠な段階を体現しているということである。自らの教養に満足できない青年が、ロバになることを通じて、はじめて救済を得たのである。

ルネサンスにおいては、この小説に触発されて、ロバを肯定的に扱った著作がいくつも書かれた。マキアヴェッリの『ロバについての三行詩』、コルネリウス・アグリッパの大著『諸学問と諸技芸の不確かさと虚しさについての演説』の末尾に付された「ロバの賛美の余談」、ピーノの『ロバについての考察』、フォレンゴの『マカロネア』、ドニの『ロバの名誉』などがある。これらの「痴話」について、ブルーノは本書の冒頭に置かれている、「勤勉で献身的で敬虔な読者への演説」の中でこう言っている。

悲しいかな。悔恨に満ちた心と憂いを含んだ精神と陰鬱な魂で、私は目の前にこの未熟で愚かで世俗的な大衆を見出すのです。彼らは、誤った考えと辛辣な語りと無謀な作文で、『黄金のロバ』や『ロバの賞賛』や『ロバへの賛辞』といった、出版を通じて広範に知れ渡っている、あれらの壮大な痴話を生み出すのです。これらの痴話に対する嘲笑や軽蔑や非難は、とうてい言葉で表現できるものではありません。そこでは、栄誉あるロバ性を皮肉のきいた文でからかいあざ笑う以外に何も考えられていないのです。私が同じようにすると世間が考えないように、誰が配慮してくれるのでしょうか。[……]私がロバやロバ性を偽りなく真剣に賛美せず、むしろ他の人たちによってつけられたランプに油を加えようとしている、と人々が信じ主張するのを、誰が止めることができるでしょうか。

ブルーノは、これらのロバ文学の存在を意識しながらも、それらをまったく不十分なものとみなし、それらを超えたロバの賛美を企図したのである。

先送りされた問い

ロバに対するブルーノの関心は、一五八二年に刊行された『キルケの歌』にまで遡る。この主題は、『傲れる野獣の追放』において、新たに脚光を浴びることになった。『傲れる野獣の追放』において試みられた道徳の革新は、天の浄化という象徴を通じてなされるが、この過程の中で、天にある従来の星座は堕落の象徴として追放され、「真理」や「知恵」や「賢慮」や「法」などの新たな肯定的な象徴によって置き換えられる。このようにして、神々の集会は、すべての変化を決定するが、唯一、大地のあらゆる地点から眺めることができるもっとも重要な場所だけを空座にする。大熊座の場所である。「〈大熊〉の部屋は、この場では言えない理由ゆえに、空位の状態に留まります。」（『傲れる野獣の追放』、加藤守通訳、東信堂、二〇一三年、一七頁）「真理」「知恵」「賢慮」「法」などの壮々とした美徳に囲まれた、天の最上位と言っても良いほどの重要な場所に何を持ってくるのか。この重要な問いは、『傲れる野獣の追放』で先送りされたのである。

同様の先送りは、南の空の大きな星座であるエリダヌス座についても言われている。この星座の名の由来となったエリダヌス川は現にイタリアに存在しており、それが天に見出されるのは、あくまでも「想像力に頼って」のことである。したがって、そこには「別のもの」が存在しうるのである。

エリダヌス川は天に座を占めているが、それは想像力に頼ってのことにすぎない。したがって、この同じ場所に別のもの――われわれはそれについて近々別の日に決めることにするが――が本当に存在するとしてもかまわないだろう。われわれは、この座について大熊座についてと同じように考えるべきなのだ。（『傲れる野獣の追放』二六四頁以下）

『天馬のカバラ』は、これら先送りされた二つの問いを取り上げ、最終的な答えを提示している。このことは、第一対話の冒頭部においてなされる。

セバスト　正直言って、北方と南方の二つの座の後継者としていかなるものを神々の父が選んだかを知りたくてたまりません。あなたの話しがいかに興味深く、有益で、価値があるとしても、その結果を知るまでは一日千秋の思いがします。あなたがご提案を聞かせるのを延期すればするほど、それに対する私の好奇心は高まるのです。［…］

サウリーノ　分かりました。これ以上、解決を延ばしてあなたをじらさないようにしましょう。小熊座がかつてあり、いまは真理が称揚されている場所のすぐ隣の座では、お話したように〔先に引用した『傲れる野獣の追放』の一節を指す〕大熊座が取り除かれ、先述した協議の決定によって抽象的なロバ性が代わって座を占めたのです。そして、あなたが空想の中でエリダヌス川を見るのと同じ場所に具体的なロバ性が存在するよう、神々は定めたのです。その目的は、三つの天の領域のどこからでもロバ性を見ることができるためです。このロバ性は、蟹座の甲羅があるところで惑星の軌道によって隠されたかに見える、二つの小さな光から成っているのです。

答えが先送りされていた、天の最上位に座を占めるのは、なんと二種のロバ性なのである。大熊座の場所のみならず、南天の雄とも言えるエリダヌス座の場所までをもロバ性に与え、そのためにロバ性を抽象的と具体的という二種にあえて分割したことは、ロバ性に関するブルーノのこだわりを示している。(なお、「抽象的」と「具体的」の区別についての説明は本書にはない。ブルーノの主たる関心はロバ性を南北の天の二つの場所に置くことにあり、上記の区別はそのための方便であるようにも思える。)

それにしても、ロバ性が新たな天の最上位を占めるとは、驚天動地の結論である。『傲れる野獣の追放』にて導入された美徳の壮大な体系は、ロバ性の登場によって、括弧に入れられ、おちょくられたかのようである。『傲れる野獣の追放』自体が既存の価値の野心的な転倒であるならば、「カバラ」はこの転倒に新たな転倒を加えている。いったい、「真理」や「知恵」や「賢慮」や「法」を従える場所にロバ性を置く必要があったのだろうか。それとも、本書の刊行は、喜劇作家ブルーノの勇み足であり、場違いな冗談なのだろうか。実際、ブルーノは後に本書のみを自らの作品リストから削っているのである。

したがって、深淵な真理を本書に求める読者は、しばしば肩透かしをくらうことになるだろう。だからといって、単なる哲学的な悪ふざけとみなすには、本書の内容はあまりにも豊かである。ロバという象徴がカバラ的な知恵と通俗的な愚鈍の対極の間を揺れ動いているように、本書の読者もまた哲学と喜劇、真理と冗談の間を往還し、時には喜劇の中に哲学を、冗談の中に真理を見出すことになるだろう。この世界は両義性に満ちており、プラスとマイナスの極から成り立っている。マイナスを無視してプラスのみを追求することは、偏向した主張に繋がる。著作の末尾に付け加えられた「キュレネーのロバ」は、この種の偏った人智に警鐘を鳴らしている。そこでは、ピュタゴラス派の学園への入学を望むロバに対して、ミッコという人物が「人間だけが学園で学ぶことができる」という理由で反対している。しかし、デウス・エクス・マキナ的に登場する神メルクリウスによって、ロバの入学が認められる。ここでは、偏った人間中心主義が痛烈にからかわれているのである。

ブルーノはクザーヌス哲学の「対立物の一致」を受け入れたが、クザーヌスにおいて対立物の一致は世界を超越する無限の神において見出されるのに対して、ブルーノはそれをこの世界の只中に見出している。この両義性に満ちた世界の中で生きるためには、われわれ自身が「哲学」や「喜劇」という枠に固定されずに、柔軟な視点を持つことを学ばなければならない。このような知の柔軟性を求める読者にとって、本書は貴重な試金石になるかもしれない。

著作の概要

本書の概要は、以下のとおりである。

「献呈の書簡」は、ドン・サパティアーノという、ナポリの無名の聖職者に捧げられている。そして、このことは、上流階級の人たちに献呈を拒絶された結果だとされている。他の著作がローマ法王やフランス国王やフランス大使やフィリップ・シドニーといった名士に捧げられているのに対して、なんともパッとしない献呈先である。

それにもかかわらず、ブルーノはドン・サパティアーノを「百科全書的な才能」の持ち主として称賛している。もっとも、この才能は、現実にあらゆることを知っているわけではない。むしろそれは、無知に存している。ブルーノは、ドン・サパティアーノに次のように言っている。

あなたは、すべての外にいるからです。あなたは、どこにも閉じ込められていないがゆえに、すべてに入ることができます。あなたは、何も持たないがゆえに、すべてを持つことができるのです。

ここに語られているのは、「何も知らないことがすべてを知ることにつながる」というクザーヌス的な「無知の知」であるが、ブルーノがどこまで本気なのかはわからない。著作全体を特徴づける哲学と喜劇の二面性がすでにここに見られるのである。

書簡の後半は、著作のテーマであるロバについての饒舌に当てられている。そこでは、ロバが雑多な状況のもとで語られ、挙げ句の果てには、世界霊魂と同定される。

彼は全体として全体の中に存在し、同時に、全体としてすべての部分の中に存在する、世界霊魂そのものであると思われます。現在の対話のテーマであるこの尊敬すべき対象の重要性がいかなる種類のもので、それがいかほどの大きさのものであるかは、いまや明白でしょう。

この極めて大胆な主張は、ブルーノの研究者たちによって真剣に取り上げられなかった。実際、ブルーノの世界霊魂に関する議論は『原因・原理・一者について』第二巻に見られるが、そこにはロバと関連する記述はない。

だからといって、われわれはこの箇所を単なる冗句やハッタリと見做すべきではないだろう。むしろここでもまた、哲学と喜劇の両義的(いやむしろ多義的)な空間が開かれており、その中ではあるものを固定し、整理することが意味をなさないのである。大事なことは、柔軟に、多方面から世界を見ることであり、それが提供する多義的な猥雑を楽しむことなのである。

「ロバを賛美するソネット」では、「聖なるロバ性」が「聖なる無知」として讃えられている。無知の賛美は、「献呈の書簡」にすでに見られるが、ここでは世俗的な学問を否定し、神に祈りを捧げるという、キリスト教的な言い回しが用いられている。

「勤勉で献身的で敬虔な読者への演説」では、ロバをテーマとした「痴話」が氾濫する当時の状況下で、ロバについて新たな知見を提供することの困難がまず語られる。その後、新旧両方の聖書からロバに関連した多くの箇所が引用され、ロバというテーマが持つ豊穣さが示される。

なお、ここで「演説」と訳したイタリア語の declamazione はラテン語の declamatio に由来する語であるが、その本来の意味は、弁論家が自らの技術を誇示するために行なった(あるいは弁論術を学ぶ者が弁論の練習として行なった)余興と練習のための演説のことである。したがって、そこで重視されているのは、議論の奇抜さであり、真実の追求ではない。そこでは、ウケ狙いの誇張と偏りは、容認されているのである。加えて、この演説が「勤勉で献身的で敬虔な読者」に当てられていることも重要である。聖書からの引用が多いのは、演説の聞き手が敬虔なキリスト教徒であることが前提とされているからである。ブルーノ自身は敬虔なキリスト教徒とはまったくかけ離れた考えの持ち主であり、『傲れる野獣の追放』が辛辣なキリスト教批判を含んでいることを忘れてはならない。このことを念頭に置いて読むと、この演説の後半部における聖書に依拠した議論は、多くの皮肉とユーモアを含んでいるとみなさなければならないだろう。

「雌ロバと子ロバの意味に関するたいそう敬虔なるソネット」では、イエスがエルサレムに入城する前に、雌ロバと子ロバを求めた、『マタイによる福音書』第二十一章のエピソードが取り上げられている。

第一対話の登場人物は、ブルーノの親戚にあたり彼の思想を代弁するサウリーノ、衒学者コリバンテ、そしてコリバンテに対して常識的な立場を取るセバストの三者である。

対話は、『傲れる野獣の追放』において先送りされた問いを取り上げることから始まる。そして、北天における大熊座と南天におけるエリダヌス座の場所に、新たに抽象的なロバ性と具体的なロバ性が座を占めることが宣言される。ロバを愚かさと結びつける通俗的な立場からは、この宣言は常軌を逸したものに見える。それに対して、サウリーノはカバラの中に、ロバ性に関する肯定的な言及を見出し、ロバ性を擁護する。この箇所は、カバラの世界観の簡潔な要約を含んでいるが、その理由は、「ロバ性は、ペルシャ人、ギリシャ人、そしてラテン人のもとではそうであったとしても、エジプト人とユダヤ人のもとでは卑しいものではなかった」からである。本書が、ブルーノの他の著作に比べて、ユダヤ人に対して好意的な印象を与えるのは、この民族がロバを肯定的に取り上げてきたからである。

ロバ性に関する議論は、無知の議論へと発展する。無知とは、すなわちロバ性だからである。サウリーノは、無知が真理の認識にとって不可欠な道であると主張する。

真理に向かう何らかの入口があるとしても、その扉は無知によってしか開かれないからです。無知は道であり、扉の番人であり、扉そのものなのですから。知恵が無知を通じて真理を発見するならば、この発見は愚かさを通じてなされることになり、結果としてロバ性を通じてなされることになるのです。したがって、このような認識を持つものは、ロバの認識を持ち、ロバの観念を分かち持つことになるのです。

もっともすべての無知が評価されるわけではない。まったく何の情報も含まない「単純な否定の無知」と誤った情報に支配されている「劣悪な性質の無知」は、評価されない。それに対して、「神から得たものとして称賛されている無知」は、真の学識への道である。

他の人たちは、神から得たものとして称賛されている無知に冒されています。その中には、自らの知を言うことも知ることもなしに、他者に無知の極みと思われているにもかかわらず、あの栄誉に満ちたロバ性と狂気に自らを委ねることによって、真に学識がある人たちがいるのです。

ここに至って、真の学識へ至る肯定的な無知は、三つに分けられる。すなわち、常に否定するカバラ主義者の無知、常に疑う懐疑主義者（ないしピュロン主義者）の無知、そして明らかな証明を持たないにもかかわらず肯定的な信念を持つキリスト教的神学者（とりわけパウロ）の無知である。そして、第一と第三の無知の間にはある種の類縁性があると指摘される。無知のこのような分類は、無知に対する肯定的な評価をユダヤ教、ギリシャ哲学、そしてキリスト教の中に求めるという、思想史的な立場の表明とも言えるであろう。ただし、ブルーノは、自らの立場をこれら三つのどれかと同定しているわけではない。ブルーノはこのことをはっきりとは言わないが、ユダヤ・キリスト教的立場に対する皮肉たっぷりの文体がそれを示しているように思われる。

第二対話は、三つの部分から構成されている。ちなみに「第一部」という表記はないが、続く部分が「第二部」「第三部」と明記されているので、便宜上、最初の部分を「第一部」と呼んでおく。第二対話第一部では、第一対話における三人の登場人物に加えて、オノリオが登場する。「悪いロバ」を意味するこのロバは、家畜として死んだ後に、自らの魂が人間の魂と同じく「万物に見出される魂」、すなわち世界霊魂、に合流するのを体験する。

運命の女神は、肉体的質料のふところの中で人間の体とロバの体とを、そして生物の体と無生物の体とを、無差別にするように、精神的質料のふところにおいては、ロバの魂を人間の魂と、そしてこれらの動物を構成する魂を万物に見出される魂と、無差別にするということに気づいたのです。ちょうどすべての水分が実体においてひとつの水分であり、空気のすべての部分が実体においてひとつの空気であるように、すべての精神は精神のアンフィトリテ〔太海〕から発し、すべてはそこに戻るのです。

しかし、奇怪なことに、オノリオは忘却の水を飲まないことによって、自らの記憶を保持し、翼を持つロバとして転生する。そして、それ以後も、彼は自らの記憶（アイデンティティ）を失うことなく様々な動物や人間に転生するのである。

ここでは、『原因・原理・一者について』における世界霊魂に関するブルーノの形而上学は、ピュタゴラス主義の輪廻転生と繋がれている。しかし、この結合には無理がある。ブルーノの形而上学から見れば、個々の魂のアイデンティティは、あくまでもそれらが宿る肉体の特質によって生じるにすぎない。したがって、肉体が消滅した後には、魂の間の区別は解消するはずである。それに対して、ピュタゴラス主義では、プラトン哲学と同様に、個々の魂が実体として存続することを説く。そうなると、なぜわれわれは前の生を思い出さないのかという問題が生じる。忘却の水を飲むという神話はこの困難に対する、いささか苦し紛れの「説明」であると言えよう。（なお、「忘却の水」は、プラトン『国家』第十巻におけるエルの神話の中でも語られている。）

それではなぜブルーノは、自らの形而上学とは矛盾する輪廻転生をオノリオに語らせるのだろうか。それは、ブルーノの思想の一部なのだろうか。実際、輪廻転生を示唆するような言説をブルーノの膨大な著作と発言の中に見出すことは可能である。しかし、繰り返しになるが、輪廻転生説は彼の汎神論的な形而上学には相性が悪いのも事実である。比喩的に語るならば、大海に戻った一滴の水がその中に完全に解消されるように、世界霊魂に戻った魂もまたその中に完全に解消されると考えるほうが理にかなっている。

ここで一旦立ち止まってみよう。もしかすると、オノリオの冒険譚の中にブルーノ哲学の「真の思想」を求めようとすることに問題があるのではないだろうか。ここでわれわれが問うべきは、輪廻転生説が正しいかどうかではなく、それがブルーノの言説の中でどのような機能を果たしているかでなかろうか。そして、この機能は明白である。それは、この「悪いロバ」の輪廻転生がピカレスク的な悪党の冒険譚であり、それを通じてアリストテレスを哲学史における最大の「悪党」に仕立てたのである。輪廻転生説は、アリストテレス批判の格好の道具として用いられているのである。

それに対して、第一部後半における、「人間と動物の魂の相違はそれらが宿る肉体の相違によって規定されているにすぎず、実体としては人間の魂と動物の魂の間にはいかなる違いもない」というオノリオの主張は、『原因・原理・一者について』におけるブルーノの霊魂論と合致していることを確認しておきたい。

第二対話第二部では、オノリオが輪廻転生の中でアリストテレスとして生まれた経験を語る。喜劇的な懺悔録とも言えるこの話の中で、オノリオ（アリストテレス）は自らが詐欺的手法によって哲学者としての名声を得たことを打ち明ける。


わたしは、自分をペリパトス派の君主と呼び、アテネのリケイオンの回廊の下で教えました。そして、わたしの中で支配的であった光、というよりもむしろ暗闇、によって諸原理の本性と諸事物の実体について誤ったしかたで教え、魂の本質について妄言を吐き、運動と宇宙の本性について何一つ正しい理解を得ませんでした。そして結果的には、カルデア人やピタゴラス主義者たちの時代に頂点に達していた自然学が、めぐりめぐってもっとも低い位置へと堕落したことの、張本人になったのです。

後半部においては、アリストテレスの難解な言葉に騙されて、その中に深淵な思想を読み取ろうとする学者たちが風刺される。

第二対話第三部では、懐疑主義とピュロン主義が俎上にあげられる。単純に言うと、懐疑主義とは「何かを知ることはできない」という主張であり、ピュロン主義はこの主張さえをも疑う。つまり、「『何かを知ることはできない』ということを知ることはできない」というラディカルな不可知論の立場をピュロン主義は取るのである。

さて、これら二つの立場は、無知の立場を取るという点において、本書が肯定するロバ性に近いように見える。しかし、それらに対するブルーノの態度は否定的なものである。これらの立場の問題点は、自らの無能と怠惰を自らの主張によって覆い隠していることにある。要するに、懐疑主義とピュロン主義は、自らの無能と怠惰の言い訳にすぎず、知への真摯な探究につながらない。そこに見出されるのは、愚かさに満足する否定的なロバ性であり、自らの無知を自覚しつつも、忍耐強く知を探求する肯定的なロバ性ではない。

後半部分では、自らがコロフォンのクセノファネスであったと主張するオノリオによって、ピュロン学派の教説が解説される。この箇所の議論は、セクストゥス・エンペイリコスの『数学者に対して』に多くを負っている。

第三対話では、サウリーノを除いて誰も約束の場所に姿を現さないために、「天馬の偉大なるカバラの創造」は彼らが再度集まるまで持ち越される。この短い「対話」は、サウリーノの以下の独白で終わる。

それまでは、これら二つの対話（第一対話と第二対話）が小さな、初心者の、入門的な、小宇宙的なカバラとみなされればよいのだ。そして、この中庭を散策するのに残されている今の時間を無駄に過ごさないために、手にしているこの対話を読むとしよう。

「手にしているこの対話」とは、「キュレーネーのロバ」のことである。

「キュレーネーのロバ」は、形式的には本書の付録として末尾に据えられている。それはまた、一種の劇中劇とみなすこともできる。第三対話において期待されていた「天馬の偉大なるカバラの創造」が先送り（またしても）され、そこで空いた時間を補うという口実のもとで、この小品は導入されているが、看過し難い内容を含んでいる。そこでは、ピュタゴラスの学園に受け入れられることを希望するロバとそれを頑なに拒絶するピュタゴラス派のミッコとの押し問答が描かれる。愚か者を意味するミッコは、ピュタゴラス派であるにもかかわらず、偏狭な人間中心主義の立場を取り、ロバを受け入れない。他方、ロバは、ピュタゴラスの輪廻転生説は人間と他の動物との垣根を取り除くはずであるという立場を堅持する。議論は行き詰まるが、ユピテルの使者であるメルクリウスが登場し、ロバが「すべての学科における権威ある学者であることを、十全たる権威をもって命じ、定め、確証する」と宣言することで、劇は瞼を閉じる。

以上、著作の内容を駆け足で見てきたが、そこで明らかになったのは、ロバ性には、忍耐や努力や「知へと通じる無知」といった肯定的な側面と怠惰や知ったかぶりや「知の放棄」といった否定的な側面があるということである。ブルーノは一方ではロバ性を賛美しつつ、他方ではその否定性を笑い飛ばす。この二面性は、第一対話の主人公であるオノリオが「キュレーネーのロバ」では真摯に学問を追求するロバに置き換えられていることにも対応しているように見える。

とはいえ、このような区別と分類に安住することは、本書が有する独自の魅力と可能性に目を閉ざすことになりかねない。オノリオは、キュレーネーのロバと別物ではない。単なる肯定的なロバ性ではなく、否定的な側面も多分に備えた、善悪を併せ持ったロバ性を天の上位に置いたことに、ブルーノ哲学の真骨頂がある。だとすると、そこに表されている世界は、哲学的に整理された美しい体系ではなく、喜劇と哲学を兼ね備えた猥雑なものなのかもしれない。いずれにせよ、断片の寄せ集めでしかない本書は、のちにブルーノ自身が削除しなければならないほどの、「毒」を含んだものだったのである。

この翻訳は、フランスのベル・レトレ社から刊行された、ジョバンニ・アクイレッキア博士による以下の校訂版をもとにしている。

Giordqno Bruno, *Cavale du Cheval Pégaseen*, Paris: Les Belles Lettres, 1994

訳出にあたっては、この著作に含まれている Tristan Dagron の仏訳と Nicola Badaloni の序文と注を参考にした。
また、ブルーノにおけるロバのテーマに関しては、ヌッチョ・オルディネ『ロバのカバラ　―ジョルダーノ・ブルーノにおける文学と哲学』、加藤守通訳、東信堂、一九八七年を参考にした。この本は、本書からの多くの引用を含んでおり、それらを訳したことが本書の出発点となった。

東信堂の下田勝司社長には、本書の出版に際してたいへんお世話になった。あらためてここで謝意を表したい。

（二〇二三年五月）

■訳者紹介

加藤守通（かとう　もりみち）

東北大学名誉教授
1954年生まれ
1977年 米国イェール大学文学部卒業（西洋古典学）
1986年 西ドイツ（当時）ミュンヘン大学哲学部博士号取得

主要業績

Techne und Philosophie bei Platon（Peter Lang Verlag, 1986）
"Aristoteles über den Ursprung Wissenschaft Erkentnis"（Phoronesis, vol.32, 1987）
『イタリア・ルネサンスの霊魂論』（共著）（三元社、1995）
『教養の復権』（共著）（東信堂、1996）
ジョルダーノ・ブルーノ著『原因・原理・一者について』（著作集③、翻訳）（東信堂、1998）
『文化史としての教育思想史』（共編著）（福村出版、2000）
N. オルディネ著『ロバのカバラ—ジョルダーノ・ブルーノにおける文学と哲学』（翻訳）（東信堂、2002）
ジョルダーノ・ブルーノ著『カンデライオ』（著作集①、翻訳）（東信堂、2003）
ジョルダーノ・ブルーノ著『英雄的狂気』（著作集⑦、翻訳）（東信堂、2006）
ジョルダーノ・ブルーノ著『傲れる野獣の追放』（著作集⑤、翻訳）（東信堂、2013）
ジョルダーノ・ブルーノ著『聖灰日の晩餐』（著作集②、翻訳）（東信堂、2022）

Le opere scelte di Giordano Bruno
Vol.: 6 Cabala del cavallo pegaseo

ジョルダーノ・ブルーノ著作集⑥
天馬のカバラ

2023年8月31日　初　版第1刷発行　〔検印省略〕
定価はカバーに表示してあります。

訳者©加藤守通／発行者 下田勝司　印刷・製本／中央精版印刷

東京都文京区向丘1-20-6　郵便振替 00110-6-37828
〒113-0023　TEL (03) 3818-5521　FAX (03) 3818-5514
発行所 株式会社 東信堂
Published by TOSHINDO PUBLISHING CO., LTD.
1-20-6, Mukougaoka, Bunkyo-ku, Tokyo, 113-0023, Japan
E-mail : tk203444@fsinet.or.jp http://www.toshindo-pub.com

ISBN978-4-7989-1863-1 C3310

責任という原理—科学技術文明のための倫理学の試み〔新装版〕	H・ヨナス 加藤尚武監訳	四八〇〇円
主観性の復権—心身問題から『責任という原理』へ	H・ヨナス 宇佐美・滝口訳	二〇〇〇円
ハンス・ヨナス「回想記」	H・ヨナス 盛永・木下・馬渕・山本訳	四八〇〇円
生命の神聖性説批判	H・クーゼ著 飯田・石川・小野谷・片桐・水野訳	四六〇〇円
生命科学とバイオセキュリティ—デュアルユース・ジレンマとその対応	四ノ宮成祥 河原直人編著	二四〇〇円
医学の歴史	今井道夫 石渡隆司監訳	四六〇〇円
安楽死法：ベネルクス3国の比較と資料	盛永審一郎監修	二七〇〇円
死の質—エンド・オブ・ライフケア世界ランキング	丸祐一・小野谷加奈恵・飯田亘之訳	一二〇〇円
バイオエシックスの展望	坂井昭宏 松浦悦子編著	三二〇〇円
死生学入門—小さな死・性・ユマニチュード	大林雅之	一二〇〇円
生命の問い—生命倫理学と死生学の間で	大林雅之	二〇〇〇円
生命の淵—バイオシックスの歴史・哲学・課題	大林雅之	二〇〇〇円
今問い直す脳死と臓器移植〔第2版〕	澤田愛子	二〇〇〇円
キリスト教から見た生命と死の医療倫理	浜口吉隆	二三八一円
動物実験の生命倫理—個体倫理から分子倫理へ	大上泰弘	四〇〇〇円
医療・看護倫理の要点	水野俊誠	二〇〇〇円
テクノシステム時代の人間の責任と良心	H・レンク 山本・盛永訳	三五〇〇円

〔ジョルダーノ・ブルーノ著作集〕より

カンデライオ	加藤守通訳	三二〇〇円
聖灰日の晩餐	加藤守通訳	三二〇〇円
原因・原理・一者について	加藤守通訳	三二〇〇円
傲れる野獣の追放	加藤守通訳	四八〇〇円
天馬のカバラ	加藤守通訳	三二〇〇円
英雄的狂気	加藤守通訳	三六〇〇円
ロバのカバラ—ジョルダーノ・ブルーノにおける文学と哲学	N・オルディネ 加藤守通監訳	三六〇〇円

※定価：表示価格（本体）＋税

〒113-0023　東京都文京区向丘 1-20-6　TEL 03-3818-5521　FAX03-3818-5514
Email tk203444@fsinet.or.jp　URL:http://www.toshindo-pub.com/